Caspar Behme

Arithmetica oder Rechenkunst

Caspar Behme

Arithmetica oder Rechenkunst

ISBN/EAN: 9783743631113

Hergestellt in Europa, USA, Kanada, Australien, Japan

Cover: Foto ©Andreas Hilbeck / pixelio.de

Weitere Bücher finden Sie auf **www.hansebooks.com**

ARITHME-
TICA

Oder

Rechen / Kunst /

Das Erste Büchlein

Von gantzen Zahlen /

Beschrieben

durch

CASPARUM Behmen /

Arithmeticum in Dantzig:

Anitzo aber mit Fleiß corrigirt
und vermehret

durch

JOHANN DAUMANN,

Hol. B. H.

DANTZIG.

An den günstigen Leser.

ES mag die kluge Welt der Gnosis That verehren/
   Als ein recht kluges Werck und Himl: Verstand/
Das Sie den Theseus dort aus Liebe wollen lehren;
   Da er in Creta sich aus Kühnheit unterwande
Den grossen Labyrint von innen zu beschauen;
   Den der Pasiphae zu wohl verdienter Pein
Der König Minos ließ durch Dædalum erbauen:
   Daß er ihr söll' ein Straff-und andern Irr-Hauß seyn.
In dem sie ihm befohl er solte Fadem nehmen/
   Und derer Ende fest anblnden an das Thor;
So wird er Minoen und Dædalum beschämen/
   Und kommen ohne Noht aus der Gefahr hervor
An eben selbten Ohrt/ wo er wär' eingegangen.
   Ging auch durch diese Künst ohn Schaden aus und ein.
Ob dieses Werck nun zwar mit Lob und Ruhm kan prangen/
   Kan es im ringsten doch der Kunst nicht gleiche seyn
Die uns Minerva hat zu unserm Nutz erfunden:
   Der edlen Rechen-Kunst; ohn die man auff der Welt
Stets in der Irre lebt: Weil fast die meisten Stunden
   In unsrer Lebenszeit Begebenheit vorfällt
Da man derselben nicht ohn Schaden kan entrahten:
   Weil sie die Grundfest' ist/ worauff all' unser Thun/
All' unser Wissenschafft und aller Künste Thaten/
   In höchster Sicherheit/ gantz unbewealich ruhn.
Ob diesen Grund fällt hin der Kauffmanschofften Handel:
   Weil er den meisten Theil in Rechnungen bestht
Der Haußstand selbst nimbt ab/ und der gemeine Wandel
   Verdirbet wo es stets ohn Rechnungen zugeht.
Und die gelehrte Welt muß ohne die selbst gleiten/
   Und nimmer feste stehu.   Drumb greiff sie frölich an/
Und lerne sie bey Zeit; So wird sie dich so leiten/
   'Wie Theseus Gnosis Garn/auf rechter Weißheits-Bahn.
                                                          Es

An den günstigen Leser.

ES ist die Rechen-Kunst / von den alten fürtrefflichen und wohlerfahrnen Mathemat. und Philosophis, viel länger als vor zwey tausend Jahren hero / für alle andere Künste Mutter geachtet und gehalten worden / und wird jetzt zu unsern Zeiten / von den allergelährtesten Männern noch nicht wenigers gehalten. Denn wir lesen von dem Heiligen Augustino, daß er von der Arithmetic schreibet / Niemand möge zu Geistlichen oder Weltlichen Dingen ohne Rechen-Kunst gebraucht werden. So saget auch Pythagoras, ein alter gelehrter Philosophus, daß der nichts könne / der nicht rechnen kan / denn durch Zahl und Maaß alle Dinge offenbahr werden. Isiodorus ein ander Philosophus saget / daß kein Unterscheid zwischen Menschen und unvernünfftigen Thieren sey / denn allein Erkäntniß der Zahlen / und argumentiret hierauff / daß niemand ohne die Arithmet: und Geometric möge weiß und verständig genant werden. Desgleichen lieset man auch vom Platone, als dem Häupt der Philosophorum, daß er an allen seinen Thüren und Schulen geschrieben : Welcher Geometriam nicht kan / der bleibe draussen. Und von der Arithmetic saget er / daß die so sie können / viel tauglicher und geschickter zu andern Künsten seyn / als die derselben mangeln / derhalben alle Christliche fromme ehrliebende Eltern / (nach dem Exempel des hocherfahrnen Arztes Hyppocratis, der seinen Sohn Thessalo Arithmeticam da er sterben wolte / mit sonderm Ernst und Fleiß zu lernen befahl /) auch ihre Kinder / und insonderheit die Knaben mit höchstem Fleiß darzu an-

A iij   zu an-

An den günstigen Leser.

zu anhalten / und dieselbe dieser Kunst-erfahrnen Lehrern in der zu unterrichtende befehlen / damit sich niemand (nach Warnung des heiligen Augustini) ohne wahre fundamentalische Wissenschafft dieser löblichen und herrlichen Kunst weder zu Geistlichen noch Weltlichen Aemptern unterstünde zu begeben. Denn es die tägliche Erfahrung beweist / was ein Beampter für einen fürtrefflichen Nutz aus gründlicher Wissenschafft der Rechen-Kunst hat / und was für Schaden und Nachtheil aus Unwissenheit derselben zu entstehen pfleget / also daß noch war ist / was viel fürtreffliche gelehrte Heyden./ wol vor 2000 Jahren hero gesaget und geschrieben haben / daß gute Rechner / und in der Zahl geübte Lente zu allen Künsten und Verwaltungen geschickter, und ausrichtsamer / denn andere so derer unkündig erscheinen.

Als habe ich meinen anbefohlenen Discipulen zu Nutz / damit ich bey denselben ein gewiß Exercitium und Methodum der Instruction und Unterweisung halben haben möchte / drey kleine Büchlein mit Fleiß zusammen getragen. Hoffe nicht / (wil geschweigen von unerfahrnen und der faulen Regel gewiß /) daß dieselben solten verachtet werden.

Vale.

Das Ein mahl Eins.

1		1		1
2		2		4
2		3		6
2		4		8
2	mahl	5	macht	10
2		6		12
2		7		14
2		8		16
2		9		18
2		10		20
3		3		9
3		4		12
3		5		15
3	mahl	6	macht	18
3		7		21
3		8		24
3		9		27
3		10		30
4		4		16
4		5		20
4		6		24
4	mahl	7	macht	28
4		8		32
4		9		36
4		10		40

5		5		25
5		6		30
5	mahl	7	macht	35
5		8		40
5		9		45
5		10		50
6		6		36
6		7		42
6	mahl	8	macht	48
6		9		54
6		10		60
7		7		49
7	mahl	8	macht	56
7		9		63
7		10		70
8		8		64
8	mahl	9	macht	72
8		10		80
9	mahl	9	macht	81
9		10		90
10	mahl	10	macht	100
10		100		1000

Nume.

Zehlende bey zehne / dazu man dann gebrau=
chet neun Figuren oder Rechen=Zahl / umb alle
Zahlen zu beschreiben oder außzusprechen un=
entlich.

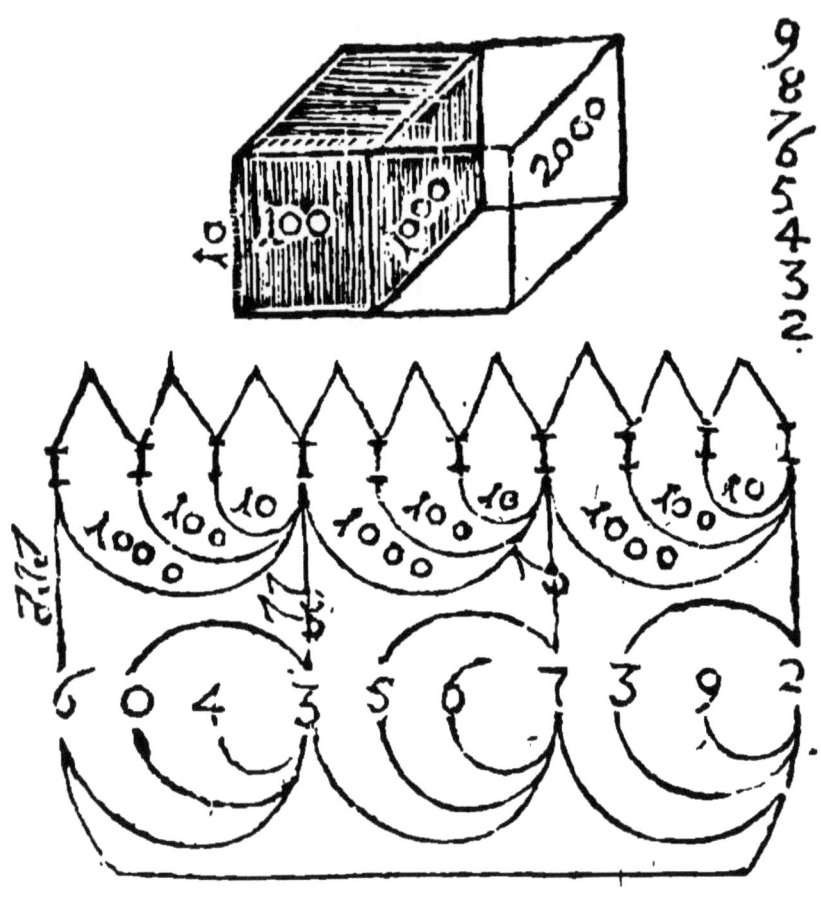

Tausend mahl tausend mahl tausend 43 tausend
mahl tausend 567 tausend und
392 einen.

1	I
12	XII.
123	I^c. XXIII.
1234	I^m. II^c. XXXIIII.
12345	XII^m. III^c. XLV.
123456	I^c. XXIII^m. IIII^c. LVI.
1234567	I^{mm}. II^c. XXXIIII^m. V^c. LXVII.
12345678	XXII^{mm}. III^c. XLV^m. VI^c. LXXVIII.
123456789	I^c. XXII^{mm}. IIII^c. LVI^m. VII^c. LXXXIX.
1234567890	I^{mm}. II^c. XXXIV^{mm}. V^c. LXVII^m. VIII^c. XC.

Alte Römische Zahl.

Iɔ	pro D.	500
cIɔ	pro M.	1000
Iɔɔ		5000
ccIɔɔ		10000
Iɔɔɔ		50000
cccIɔɔɔ		100000
Iɔɔɔɔ		500000
ccccIɔɔɔɔ		1000000

17659767489434 6

A v   Resol-

Resolvirung der Müntz/ Maaß
und Gewichte.

Ein Gülden — —	30 ß.
Ein Grosch ist 3 ß. oder —	18 R.
Ein Schilling ist — —	6 R.
Ein Thaler ist 90 ß. oder	3 fl.
Ein Marck ist — —	20 ß.
Ein lb. Flamisch ist 20 ß. oder	6 Gulden.
Ein Schill. ist 6 Stuyb. oder	12 Groot.
Ein Gülden Holländisch ist	20 Stuyber.
Ein Goldgülden — —	28 Stuyber.
Ein Stuyber 8 Döyt oder	16 Pfenn.
Ein Gülden Nürrenbergs	20 ß.
Ein Schilling — —	12 Heller.
Ein Marck Hamburgisch	16 Schilling.
Ein Schilling — —	12 Pfenning.

Ein Jahr ist 52 Wochen oder	12 Monat.
Ein Monat 30 Tage oder	4 Wochen.
Ein Woche — —	7 Tage.
Ein Tag und Nacht —	24 Stunden.
Eine Stunde hat — —	60 Minuten.

Ein Schiff lb hat 320 lb oder	20 Lißpfundt.
Ein Lißpfund hat — —	16 lb.

Ein

Ein Centner hat 120 ℔ oder	5 Stein
Ein klein Stein — —	24 ℔.
Ein groß Stein — —	34 ℔.
Ein Marckpfund 32 Loth oder — — —	48 Schottgew.
Eine Last Saltz — —	18 Tonnen.
Eine Last hat 60. Stein. Item 12 Tonnen oder —	60 Scheffel.
Ein Scheffel — —	4 Viertel.
Ein Viertel — —	4 Mätzen.
Ein Marck Silbers ist —	16 Loth.
Ein Loht — — —	6 Quart.
Ein Quart — — —	4 Pfennig.
Ein Marck — — —	24 Schottgew.
Ein Schotgewicht ist —	4 Quart.
Ein Pfund Gold oder Silber	12 Untzen.
Ein Untze — — —	2 Loht.
Ein Marck Gold — —	24 Carat.
Ein Carat — — —	4 Gran.
Ein Gran — — —	3 Gren.
Ein Sechtzig ist — —	60 Hundert.
Ein-Hundert — —	120 Stück.
Ein groß Hund. ist 48 Schock oder — — —	12 Ring.

Ein

Ein Ring — —	2 Klein Hund.
Ein klein Hundert —	120 Stück.
Ein Decher — —	10 Stück.
Ein Zimmer — —	4 Stück.
Ein Dutzt — —	12 Felle.
Ein Hube Landes —	30 Morgen.
Ein Morgen — —	300 Ruhten.
Ein Ruhte — — —	15 Fuß.
Ein Fuß 12 Daumen oder	12 Zoll.
Ein Ball ist — —	10 Rieß.
Ein Rieß — —	20 Buch.
Ein Buch — —	25 Bogen.
Ein Last hat — —	6 Omen.
Ein Ohm — — —	110 Stoff.
Ein Last Hopffe hält —	12 Schiff lb.
Ein Schiffpfund — —	10 Stein.

Addi-

Addiren in gantzen
Zahlen.

Exempel.

1. Einer ist schuldig 336 fl an Roggen/ 864 fl an Weitzen / noch 156 fl an Gerste / und 540 fl an Haber? Frage / wie viel ist die gantze Summa?

```
fl   336
     864
     156
     540
   ――――――
    1896
```

Ein anders.

```
8634
5768
3576
9845
 765
 183
―――――
Summa.
```

Ein anders.

```
9846
7645
5769
1837
5487
 698
―――――
Summa.
```

Ein

Ein anders.	Ein anders.
8765	9768
927	369
1189	147
974	69
89	1159
67	673
178	21
67	62
Summa:	Summa:

Ein anders.	Ein anders.
17858	28763
7698	7984
366	18765
15573	9763
982	587
1573	1659
882	765
1654	328
576	119
187	679
654	36
1512	145
187	69
Summa:	Summa:

Ein

Ein anders.	Ein anders.
18742	45787
8754	9876
3659	542
878	3605
3657	579
579	89
87	157
54	354
768	57
59	148
369	96
87	8
7893	19
543	187
76	89
198	548
87	87
59	75
9	185
56	56
136	49
55	26118
87	549
5	18
9	6

Summa: 46906.   Summa: 89284.

Ein

Addiren in
Ein anders.

549755813888
68719476736
8589934592
1073741824
134217728
16777216
2097152
262144
32768
4096
512
64
8
64
512
4096
32768
262144
2097152
16777216
134217728
1073741824
8589934592
68719476736
549755813888

128
124
114
97
91
87
84
58
45
56
25
12

$\frac{8}{8}$ Proba

Summa. 1256584717448

10. Ein Cassirer hat 7238 fl an Ducaten/ 69 fl an Rosenobeln/ 728 fl an Reichsthaler/ noch 2640 fl an Oerter. Item/ 314 fl an Dantziger Oertern/ und 960 fl an kleinem Gelde. Wie viel ist die gantze Summa? Facit 11949 fl.

11. Einer hat empfangen 507 fl/ noch 31756 fl/ noch 312 fl. Item 27 fl/ und 8 fl. Wie viel ist die Summa? Facit/ zwey und dreissig tausend/ sechs hundert und zehen.

12. Einer ist schuldig 487 fl an Roggen/ 114 fl an Habern/ noch 1008 fl an Weitzen/ Item/ 400 weniger 1 fl an Gersten/ und 2000 weniger 10 fl an geliehnten Gelde/ was macht die Summa? Facit/ 3998 fl.

13. Einer kaufft 4 Fässer Talch/ wiegen/ 320/ 322/ 324/ 326 lb. Wie viel Pfunde sind in einer Summa? Facit 1292 lb.

14. Einer hat 4 Ballen Wolle/ wiegen 360/ 400/ 420/ 380 lb/ was macht die Summa? Facit 1560 lb.

15. Einer kaufft 6 Stück Leinwand/ lang 47/ 51/ 52/ 48/ 50/ 49 Elen/ was macht die Summa? Facit 297 Elen.

B　　　　　　　　16.Ein

16. Ein Wäger hat gewogen 2 Bunde Henff/ wieget der erste 364/ der ander 378 Pfund/ Item 4 Bunde Flachs wegen 125/ 130/ 145/ 129 ℔. Frage/ wie biel der Henff/ und das Flachs/ jegliches besonders und zusammen gewogen?

17. Eine Last Rogge kostet 120 ℟/ wie theuer 6 Last? Facit 720 ℟.

18. Eine Kiste Zucker wieget lauter 448 ℔/ Tara für das Holtz 36 ℔/ frage wie biel die Kiste in alles gewogen? Facit 484 ℔.

19. Die Historici schreiben/ daß von der Erschaffung der Welt biß zur Sündfluth seyn 1656 Jahr/ von der Sündfluth biß auff die Geburt Abrahæ 292/ von dannen biß auff die Verheissung Abrahæ 75/ von dannen biß zum Außgang Israel aus Egypten 430/ von dannen biß zu Erbauung des Tempels Salomonis 480/ von dannen biß zu dessen Zerstörung 427/ von dannen biß auff Christi Geburt 589/ und von Christi Geburt ist 1695 Jahr/ frage wie lange die Welt gestanden? Facit 5644.

20. Einer hat empfangen 345 ℟ 24 ℔ 1 ß für Grütze/ und 536 ℟ 5 ℔ 2 ß für Erbsen/ was macht die Summa? Facit 882 ℟.

Subtrahieren in gantzen Zahlen.

1. Einer ist schuldig 4576 fl/ hat darauff gezahlet 1345 fl/ wie viel bleibet er noch schuldig.

	Schuld	4576
	Bezahlt	1345
	Rest	3231
	Proba	4576

2.	8978		3449
3.	3836		3125
	Rest		Rest

4.	45478		83464
5.	36285		77825
	Rest		Rest

6.	107103		450705
7.	96706		70976
	Rest		Rest

8.   1000000   1000000
9.   32460   1005

    Reſt   Reſt

10.   3200032812   203040507
11.   1900087008   90807060

    Reſt   Reſt

12.   IIIIIIIIIII   10101010101010
13.   1234567890   12345678901

    Reſt   Reſt

14.   679005487907612780156700
       5600265900789338034 78950

    Reſt

15.   10000000000   20000000000
        9997000099   19999990000

    Reſt   Reſt

16.   3019   2333150995280
          40   2329089562800

    Reſt   Reſt

17.   327100072807030101011756
       15670108090765432804320748

    Reſt.

                        18. El

18. Einer ist schuldig 1000 fl/ hat darauff gezahlet 6007. fl/ wie biel bleibet er noch schuldig? Rest 3993 fl.

19. Einer kaufft 3. Ballen Näglin / wiegen
1504 lb/ Tara für die Säcke 158 lb/ wie
biel bleibet noch lauter? Rest 1346 lb.

20. Einer kaufft ein Hauß für 2400 fl/ verkaufft
es wiederumb für 2998 fl/ wie biel hat er gewonnen? Facit 598 fl

21. Einer kaufft für 2008 fl Wahre/ verkauffte
sie wiederumb für 1989 fl/ wie biel hat er
berlohren? Facit 19 fl.

22. Der erste Stein zu S. Marien Kirchen ist
geleget Anno 1343 / wie alt ist sie als man
schreibet 1695? Facit 352 Jahr.

23. Item/ das kunstreiche Gemältniß des Jüng-
sten Gerichtes ist gemahlet 1367. Wie alt
ists als man schreibet 1695? Facit 328.
Jahr.

24. Die Welt hat gestanden 5638 Jahr/ frage
wie lange sie noch stehen sol / da Elias pro-
phecenet / daß die Welt 6000. Jahr stehen
sol? Facit 362. Jahr.

25. Einer ist gebohren Anno 1611. den 3 Fe-
bruarii/ und gestorben Anno 1640. den 21

B iij   Martii/

Martii/ frage/ wie alt er gewesen? Facit
29 Jahr/ 6 Wochen 4 Tage.

35. Eine Frau ist gebohren/ da man zehlete
1590. Ist zur ersten Ehe getreten Anno
1610. und nach ihres Mannes Tode 4 Jahr
Witwe gesessen. Hernach zur anderen Ehe
geschritten/ und mit demselben Mann gelebet
12 Jahr/ frage? Da sie gestorben/ Anno
39. Wie alt sie ist/ auch wie alt sie gewesen/
da sie ihren ersten Mann genommen/ und wie
lange sie ihm gehabt.

Facit
49. Jahr ihr gantzes Alter/
20. Jahr wie sie ihren ersten Mann
genommen/
13. Jahr hat sie ihn gehabt.

Multipliciren in gantzen Zahlen.

1. Eine Elle Karasey kostet 2 ß/ wie viel werden
belauffen 576 Elen? Facit 1152 ß.

$$576$$
$$2$$
$$\overline{1152}$$

2. Multiplicir 576 mit 3/ 4/ 5/ Facit

3. Multiplicir 576 mit 6/ 7/ Facit

4. Multiplicir 576 mit 8/ Facit 4608

5. Multiplicir 576 mit 9/ Facit 5184

6. Multiplicir 576 mit 10/ Facit 5760

7. Multiplicir 576 mit 15/ Facit 8640

8. Multiplicir 576 mit 24/ Facit 13824

9. Multiplicir 576 mit 81/ Facit 46656

10. Multiplicir 576 mit 96/ Facit 55296

---

11. Multiplicir 576 mit 100/ Facit 57600

12. Multiplicir 576 mit 580/ Facit 334080

13. Multiplicir 576 mit 324/ Facit 180624

14. Multiplicir 576 mit 625/ Facit 360000

15. Multiplicir 576 mit 809/ Facit 465984

16. Multiplicir 52348 mit 3465/ Facit
181375820

17. Multiplicir 576000 mit 4800 / Facit
2764800000

18. Multiplicir 1492920 mit 1560060/
Facit 2329089562800

19. Multiplicir 86406400 mit 47900700 /
Facit 4138927044480000

B ijo　　　　　20. Mul-

20. Multipl. 1234567890 mit 9876543210/
Facit 1219326311363526900.

---

21. Wie viel Pfennige thun 225 ß? Facit
4050 ₰.

22. Item 736 Marck/ wie viel Groschen? Facit 14720 ß.

23. Item 485 Gülden/ wie viel Groschen?
Facit 14550 ꝗ.

24. Item 136 Last/ wie viel Scheffel? Facit
8160 Scheffel.

25. Item 140 Centner/ wie viel Pfunde?
Facit 16800. ℔.

26. Item 136 Marck/ wie viel Schillinge?
Facit 8160 ß.

27. Item 185 Gülden/ wie viel Pfennige?
Facit 99900 ₰.

28. Item 120 Last/ wie viel Viertel? Facit
28800 Viertel.

29. Item 215 Wurff an Oerter zu 4 im Wurff
wie viel Oerter? Facit 860 Oerter.

30. Item 146 Centner/ wie viel Stein und ℔/
Facit 730 Stein item 17520 ℔.

31. Ei-

31. Eine Ele Leinwand kostet 18 ße/ wie kommen 36 Elen/ Facit 648 ß.

32. Eine Ele Lacken kostet 7 ße/ wie kompt 1 Stück/ lang 42 Elen/ Facit 294 ße.

33. Eine Last Rogge kostet 120 ße/ wie kommen 25 Last/ Facit 3000 ße.

34. Auff einem Dache liegen 136 Pfannen in die Länge/ und 56 in die Breite/ frage/ wie viel Pfannen sind da gewesen? Facit 7616.

35. Einer kaufft einen Sack Aepffel für 4 ße/ befindet/daß 2 Stück einen ß kosten/ wie viel sind im Sack gewesen? Facit 240 Aepffel.

36. Ein Herr hat 26 Arbeiter/ gibt jeden die Woche 3 ße/ wie viel sol er geben in 15 Wochen? Facit 1170 ße.

37. Die Stadt Dantzig hat 250 Soldaten/gibt jeden Monathlich 10 ße/ wie viel bekommen sie das Jahr/ Facit 30000 ße.

38. Eine Ele Lacken kostet 9 ße/ wie kommen 12 Stück/ jeglickes lang 41 Elen: Facit/ 4428 ße.

B b   39. Die

39. Die Welt ist in ihrer Runde 360 Graden/ jeglicher Grad hat 15 Meilen/ jegliche Meile 1800 Ruhten/ jeglichen Ruhte 15 Fuß/ frage wie viel Fuß die Welt rund ist? Facit/ 145800000.

40. Ein Herr hat 6 Dörffer/ in jeglichem Dorff 24 Bauren/ jeglicher Bauer hat 26 Hüner/ jede Henne bringet aus 12 junge Hennelein/ legen darnach jung und alt jegliches das Jahr 115 Eyer/ wie viel legen sie sämptlich das Jahr? Facit 5597280 Eyer.

---

41. Ein Ducat von 5 ℞ 22 ℔ 9 ₰/ wie viel ₰? facit 3105 ₰.

42. Item 36 Marck 12 ℔ 2 ßY wie viel Schillinge? facit 2198 ß.

43. Item 123 ℞ 16 ℔ 12 ₰/ wie viel ₰? Facit 66780 ₰.

44. Item 120 Centner 1 stein 12 ℔/ wie viel ℔? facit 14436 ℔.

45. Item 136 Last 24 Scheffel 2 Viertel/ wie viel Viertheil/ facit 32738 Viertel.

46. Item

46. Item 308 Schiffpf. 15 Lißpf. 4 ℔/ wie biel
℔? Facit 98804 ℔.

47. Item 48 Marck 12 Schottg. 3 q. wie biel q.
facit 4659 quart.

48. Item/45 Großhundert 7 Ring/ 1 Klein-
hundert 48 stück/ wie biel stücke/facit 131448.
stück.

49. Item 758 Cent. 2 St. 15 ℔ Bley/ wie biel
℔/ facit 91043 ℔.

50. Item 250 Ducaten 45 ℔ 12 ₰ (à 5 ℔
22 ℔ 9 ₰ den Ducaten) wie biel ₰/ Facit
777072 ₰.

Dividiren in gantzen
Zahlen.

1. Zween Kauffleute haben zu theilen 972
℔/　wie biel bekompt ein jeder?　Facit
486 ℔.

$$\begin{array}{c} xx \\ 972\,(486\,℔. \\ xxx \end{array}$$

2. Dividir 1728 durch 3. facit 576.

　　　　　　　　　　　　　3. Divi-

3. Dividir 2304 durch 4 facit 576.

4. Dividir 2880 durch 5 facit 576.

5. Dividir 3456 durch 6 facit 576.

6. Dividir 4032 durch 7 facit 576.

7. Dividir 4608 durch 8 facit 576.

8. Dividir 5184 durch 9 facit 576.

9. Dividir 27008 in 7 gleicher theil? facit 3858 und bleiben 2 übrig.

10. Wie offt ist 9 in 76139? facit 8459/ und bleiben 8 übrig.

---

11. Dividir 7563 in 10 theil / facit $756\frac{3}{10}$.

12. Dividir 6912 durch 12/ facit 576.

13. Dividir 8640 durch 15 / facit 576.

14. Theile 15756 in 20 gleicher theil / wie viel thut jegliches Theil/ Facit 787/ und bleiben 16 übrig.

15. Dividir 13824 durch 24/ facit 576.

16. Dividir 139225 durch 400/ facit $348\frac{25}{400}$.

17. Dividir 334080 durch 580/ facit 576.

18. Dividir 350208 durch 608/ facit 576.

19. Dividir 409615 durch 711/ facit $576\frac{79}{711}$.

20. Dividir 98000 durch 999/ facit $98\frac{98}{999}$.

21. Di

21. Dividir 576000 durch 1000/ facit 576.

22. Dividir 8274000 durch 1200 / Facit / 6895.

23. Dividir 601680000 durch 24000/ Facit 250700.

24. Dividir 2764800000 durch 4800/ facit 576000.

25. Dividir 181385820 durch 3465/ facit 52348.

26. Dividir 460316176640 durch 6784/ facit 67853210.

27. Dividir 15333391008 durch 34608/ facit/ 450876.

28. Dividir 2329089562800 durch 1560090/ facit 1492920.

29. Dividir 4138927044480000 durch 47900700/ facit 86406400.

30. Dividir 1219326311126 3526900 durch 9876543210/ facit 1234567890.

---

31. Item 4056 ₰/ wie viel Groschen/ facit 225 ℔. 6 ₰.

32. Item 7432 ℔ / wie viel Marck/ facit 371 Marck 12. ℔

33. Item

33. Item 2930 Dreypölcher/ wie viel ℞/ facit/ 146 ℞. 15. ℔.

34. Item 23060 ℔/ wie viel ℞/ facit 768 ℞/ 20 ℔.

35. Item 2196 Scheffel/ wie viel Last/ facit 36 Last 36 Scheffel.

36. Item 2198 ß wie viel Marck/ facit/ 36 Marck 12. ℔ 2 ß.

37. Item 66702/ß/ wie viel ℞/ facit/ 123 ℞. 15 ℔. 12 ₰.

38. Item 32738 Viertel / wie viel Last? facit/ 136. Last 24 Scheffel 2 Viertel.

39. Item 98804 ℔/ wie viel Schiff ℔/ facit/ 308 Schiff ℔/ 15 Liß℔/ 4 ℔.

40. Item 91043 ℔ Bley/ wie viel ₵? facit 758 Cent. 2 Stein 15 ℔.

---

41. Ein Stück Gewandt hält 48 Elen/ kostet 288 ℞/ wie kompt die Ele? facit 6 ℞.

42. Item 25 Last Rogge kosten 3000 ℞/ wie kompt 1 Last? facit 120 ℞.

43. Eine Last Rogge kostet 120 Gülden/ wie viel kan man haben für 3000 ℞? facit/ 25 Last.

44. Ein

44. Ein Dach ist bedecket mit 7616 Pfannen/ liegen in die Länge 136/ frage wie viel in die Brette gewesen? facit 56.

45. Einer kaufft einen Sack mit Epffel/ hält 240 Stück/ und giebt für 2 Stück 1 ße/ wie viel werden sie belauffen/ facit 4 K.

46. Eine Ele Leinwand kostet 23 ße/ wie viel hat man Elen für 221 K 15 ße? facit 288 Elen/ und bleiben 21 ße übrig.

47. Ein Herr hat 26 Arbeiter 15 Wochen lang/ haben verdienet 1170 K/ wie viel bekompt ein jeglicher die Woche? facit 3 K.

48. Die Stadt Dantzig hat Soldaten/ welche durchs gantze Jahr bekommen 30000 Gülden/ davon jeglicher den Monat hat 10 K/ frage wie viel Soldaten gewesen? facit 250 Mann.

49. Ein Gewandschneider kaufft 12 Stück Lacken für 4428 K/ und giebt für 1 Ele 9 K/ wie viel ist jegliches Stück lang gewesen/ facit 41. Elen.

50. Einer hat 60 Arbeiter 40 Tage lang/ haben ben verdienet 2000 K/ wie viel bekompt ein jeglicher den Tag? facit 25. H.

51. Ein

51. Ein Scheffel Rogge kostet 56 ₰/wie kömpt die Last: facit 1 3 0 fl.

52. Eine Last kostet 126 fl / wie theuer der Scheffel? Facit 6 3 ₰.

53. Ein ℔ Pfeffer kostet 26 ₰ / wie kommt der Centner? Facit 104 fl.

54. Ein Cent. Allaun kostet 20 fl / wie theuer 1 ℔ / Facit 5 ₰.

55. Item 145 fl 27 / wie viel Marck? Facit 218 Marck / 17 ꝗ.

56. Item 3 2 5 Marck 15 ₰/wie viel fl/ Facit / 217 fl 5 ₰.

57. Item 2 5 5 Wurff an Dreypölcher zu 4 und 5 im Wurff/ wie viel fl?

Facit $\begin{cases} 5 1 \text{ fl} \text{ ———} \text{—— } zu \text{ } 4 \\ 6 3 \text{ fl } 2 2 \text{ ₰ } 9 \text{ ₰ } zu \text{ } 5 \end{cases}$ im Wurff.

58. Item 215 Würff an Oerter/zu 4 im Wurffe/ wie viel fl? Facit.

56. Item 5 3 3 fl 10 ₰/ wie viel Würff an Oerter zu 4? Facit.

60. Einer kaufft 79 Brieffe 44 stück Nadeln/ (jeglicher von 200 stück) und gibt für 8 stück 1 Schilling/wie viel machts? Facit 2 2 fl 3 ꝗ.

Addi-

Addiren in Müntz / Maaß und Gewicht.

1. Einer ist schuldig 18 ℞ 20 ℔ 6 ₰ an Gerste / noch 46 ℞ 27 ℔ 9 ₰ an Weitzen / und 28 ℞ 25 ℔ 12 ₰ an Rogge / wie viel ist die gantze Summa?

1.

℞	℔	₰
18	20	6
46	27	9
28	25	12
94	13	9

Von Marck / Groschen und Schilling.

2.

M.	℔	ß
185	15	1
38	17	2
136	14	2
13	10	0
15	12	1
Sum: 390	10	0

C   Von

Von Thalern/ Groschen und Pfennige.

	Thaler		ßl		ß
3.					
	514	—	36	—	15
	348	—	39	—	12
	125	—	46	—	9
	408	—	7	—	6
	36	—	12	—	3
Sum:	1432	—	52	—	9

Von Güld: Stupbers und Pfennige.

	Güld:		Stupb:		Pfen:
4.					
	475	—	12	—	8
	38	—	17	—	12
	45	—	19	—	10
	8	—	12	—	6
Sum:	569	—	2	—	4

Von Nürrenbergische Müntze.

	ß		ß		Hel.
5.					
	125	—	16	—	4
	97	—	15	—	6
	148	—	16	—	10
	86	—	0	—	0
Sum:	458	—	8	—	11

Von

Von Lasten/ Scheffel und Viertel.

Last	Scheffel	Viertel
145	24	0
86	36	2
139	20	1
34	27	3
um: 405	48	2

Von Schiffpfund/ Lißpfund und Pfunden.

Schifftb	Lißtb	tb
236	14	4
120	12	6
25	18	12
330	12	3
um: 713	17	9

Von Marck/ Schotgewicht und Quart.

Marck	Schotg.	Quart.
124	18	1
45	19	2
128	20	1
217	15	2
97	12	3
am: 614	12	3

C ii   Von

Von Marck / Carat und Gran.

9.	Marck		Carat		Gran.
	36	—	15	—	1
	9	—	12	—	2
	15	—	18	—	1
	24	—	15	—	3
	8	—	22	—	2
Sum:	95	—	12	—	1

Von Centner/ Stein und Pfund.

10.	Cent.		Stein		℔
	130	—	2	—	18
	36	—	1	—	20
	18	—	3	—	15
	216	—	4	—	22
	98	—	1	—	14
Sum:					

11. Ein Caßirer hat empfangen 345 ℔ 18
14½ ℈/ noch 145 ℔ 24 ℥ 6 ℈/ Item 520
27 ℥ 6¼ ℈/ und 136 ℔ 21 ℔ 4¼ ℈/ wie
viel? Facit 1149 ℔ 1 ℔ 13 ℈.

12. C

12. Einer kaufft 4 Kahne mit Roggen/ hält der erste 10 Last/ kosten 1200 fl 12 ℔ 1 ß. Der ander 20 Last/ 2401 fl 27 Groschen 2 ß/ weniger 6 ₰. Im dritten 12 Last/ kosten 1440 fl/ und 1 Orts fl/ im letzten 15 Last und kosten 1560 fl/ weniger 1 Orts fl/ frage wie viel Last/ auch Geld machts? Facit 57 Last/ 6603 Gülden 9 ℔ 2 ß.

13. Einer hat empfangen 20 Cent. 2 Stein 18 ℔ Bley/ noch 18 Cent. 21 ℔/ noch 8. Centner 1 St. 24 ℔ / Item 15 Centner 3 Stein 12 ℔ / und 26 Centner 1 Stein 6 ℔/ wie viel ist die Summa? der Centner hält 3 Stein 18 ℔. Facit 89 Centner 2 Stein 11 ℔?

14. Ein Caßirer hat empfangen 125 Ducaten 45 ℔ 6 ₰ (à 5 fl 24 ℔ das Stück) noch 95 Ducaten 61 ℔ 12 ₰/ Item 86 Stück 2 fl 22 ℔ 9 ₰/ wie viel machts Facit 307 Ducaten 15 ℔ 9 ₰.

15. Ein ander Caßirer hat empfangen 120 Ducaten 3 fl 24 ℔ 6 ₰ (à 5 fl 22 gℓ 9 ₰ den Ducaten gerechnet) noch 80 Ducaten 3 6 ℔ 15 ₰/ Item 65 Ducaten 2 fl 15 ℔ 12 ₰/ und 54 Ducaten 1 Reichsthaler 24 ℔ 1 ß/

wie

wie viel ist die Summa? Facit 320 Ducaten 1½ Reichsthaler 1 ℟ 3 ℔ 12 ℨ.

✿✿✿✿✿✿✿✿✿✿✿✿✿✿✿✿✿:✿✿✿✿✿✿✿✿✿✿✿✿✿✿✿

Subtrahiren in Müntz /
Maaß und Gewicht.

1. Einer ist schuldig 520 ℟ 24 ℔ 6 ℨ / hat darauff gezahlet 125 ℟ 26 ℔ 12 ℨ / wie viel bleibet er noch schuldig?

	℟		℔		ℨ
Schulde	520	—	24	—	6
Bezahlt	125	—	26	—	12
Rest	394	—	27	—	12
Proba	520	—	24	—	6

Von Marck / groschen und Schillinge.

	Marck		℔		℔
	125	—	10	—	1
	97	—	15	—	2
Rest					

Von

Von Reichsthalern / Groschen und Pfenninge.

3. Reichst.	ℳ	₰
3000 —	36 —	12
1999 —	38 —	15
Reſt		

Von Goldgülden / Stüybers und Pfennige.

4. Goldg.	Stuyb.	₰
1560 —	20 —	24
959 —	27 —	10
Reſt		

Von Hamburger Marck / Schillinge und Pfennige.

5. Marck	ß	₰
220 —	8 —	4
198 —	12 —	8
Reſt		

Von Laſten / Scheffel und Viertel.

C jö   Laſt

6.

Laſt	Scheffel	Viertel
140 —	24 —	2
36 —	54 —	3

Reſt

Von Schiffpfund / Lißpfund und Pfunden.

7.

Schifflb	Lißlb	lb
308 —	11 —	12
109 —	12 —	14

Reſt

Von Marck / Loht ung Quart

8.

Marck	Loht	Quart.
33 —	10 —	1
28 —	12 —	2

Reſt

Von Marck / Carat und Gran.

9.

Marck	Carat	Gran.
127 —	20 —	1
18 —	23 —	2

Reſt

Von

Von Sechz. Hundert und Stück.

	Sechz.	Hund.	stück.
10.	2 —	21 —	85
	1 —	24 —	109

Reſt

11. Ein Gewandtſchneider hat ein Stück Gewandt / koſtet 308 ℔ 24 ℔ 2 ß / verkaufft es
wiederumb für 329 ℔ 20 ℔ 1 ß / wie viel
hat er gewonnen? Facit 20 ℔ 25 ℔ 2 ß.

12. Einer hat für 1500 ℔ Wahre / verkaufft ſie
wiederumb und verlieret 25 Gulden 16 ℔
2 ß / Frage / wie viel er gelöſet? Facit 1474
℔ 13 ℔ 1 ß.

13. Einer hat 136 Centner 1 Stein 18 ℔ Bley /
verkaufft 98 Centner 2 Stein 26 ℔ davon /
wie viel behält er noch / Reſt 37 Centner 2
Stein 10 ℔.

14. Ein Caßirer hat 324 Ducaten 22 ℔ 9 ℔ /
nimbt davon 145 Ducaten 25 ℔ 12 ℔ / wie
viel behält er noch (den Ducaten à 5 ℔ 24
℔ gerechnet) Reſt 178 Ducaten 5 ℔ 20 ℔
15 ℔.

C b   15. Ein

15. Ein ander hat 156 Ducaten 1 Reichstha=
ler 20 Groschen 6 ₰/ nimbt davon 36 Duca=
ten 4 ℔ 25 Groschen 2 ₰/ wie viel bleibet noch
(den Ducaten à 5 ℔ 3 Ort) rest 119 Duca=
ten 4 ℔ 17 Gr. 3 ₰.

Multipliciren durch
Practic.

Item / Multipliciret 746894 mit 343676.

```
    746894
    343676
    _____
    21
     12
      18
       24
        27
         12
          16
          3612
          322736
         24248128
        1618726324
       2812545654
      21364248-
      632836
      4924·
      42
    _____
    256913610544
```

Ein

Ein Anders.

746894|1		746894
1493788|2		343976
2240682|3		4481363
2987576|4		5228258
3734470|5		6722046
4481364|6		2240682
5228258|7		2987576
5975152|8		2240682
6722046|9		
7468940|10		

Item/ Multipliciret 91380 mit 1675.

91380	mit	1675
91380000	——	1000
45690000	←	500
9138000	——	100
4569000	——	50
2284500	——	25
153061500		

Item

Item/ Multiplicirt 3691215 mit 4096.

$$
\begin{array}{r}
3691215 \\
4096 \\
\hline
3501030 \\
1864626 \\
3801045 \\
2741989 \\
2300030 \\
12464484 \\
\hline
15119216640
\end{array}
$$

Multipliciren in Müntz/ Maaß und Gewicht.

1. Eine Ele Karasey kostet 2 fl 12 Gr. 1 ß/ wie kommen 3 Elen? Facit 7 fl 7 Gr.
2. Eine Ele Lacken kostet 4 fl 24 Gr. 1 ß/ wie kommen 5 Elen? Facit 24 fl 1 Gr. 2 ß.
3. Eine Last Rogge kostet 120 fl 14 Gr. 12 ₰/ wie theuer 8 Last? Facit 963 fl 27 Gr. 6 ₰.
4. Ein Scheffel Weitzen kostet 3 fl 10 Gr. 9 ₰/ wie kosten 15 Scheffel? Fac. 50 fl 7 Gr. 9 ₰.
5. Ein Stein Flachs kostet 5 fl 9 Gr. 6 ₰/ wie kommen 20 Steine? Fac. 106 fl 6 Gr. 12 ₰.

6. Ein

6. Einer hat 38 ℔ Sammet / rechnet daß ihme die Ele zu stehen kommet 8 fl 15 ꝫ 5 ₰ wie viel kostet das Stück? Facit 323 fl 6 ꝫ 1 ß.

7. Item 125 ℔ Mußcaten Blumen / daß ℔ für 6 fl 18 ꝫ 1 ß / wie viel machts? Facit 826 fl 11 ꝫ 2 ß.

8. Item 145 Centner Kupffer / den Centner für 56 fl 20 Groschen 9 Pfenning? Facit 8219 fl 2 ꝫ 9 ₰.

9. Item 324 Schiff-Pfund Wachs / kostet das Schiff-Pfund 212 fl 23 ꝫ 2 ß / wie viel machts? Facit 68943 fl 18 ꝫ.

10. Item 95 Piepen Ansau kostet die Piepe 130 fl 19 ℥ 1 5 ₰ / wie viel machts? Facit 12412 fl 24 ꝫ 3 ₰.

---

11. Eine Ele Lindt kostet 3 Groschen 1 ß / wie viel werden belauffen 100 Elen? Facit 11 fl 3 Groschen 1 ß.

12/ Ein Schottgewicht Silber kostet 24 Groschen 2 ß / wie kommen 12 Schottgewicht? Facit 9 fl 26 Groschen.

13. Ein Scheffel Rogge kostet 54 Groschen 12 ₰ / wie theuer die Last? Facit 109 fl 10 Groschen.

14. Ein Stück Franckisch Foß kostet 75 ℔ 15 ß/ wie theur 1 Hundert? Facit 303 Gülden 10 ℔.

15. Eine Ele Leinwand kostet 34 Groschen 12 ß/ wie kommen 46½ Ele? Facit 53 Gülden 22 ℔.

16. Ein Scheffel kostet 65½ ℔ / wie kommen 18 Last? Facit 2358 fl.

17. Ein ℔ Zinn kostet 24½ Groschen/ wie kommen 15 Centner? Facit 1470 fl.

18. Ein Scheffel Weitzen kostet 110 Groschen 2 ß/ wie kommen 12 Last 24 Scheffel? Facit 2744 fl 16 ℔.

19. Ein Buchbinder hat 7 Ballen 6 Rieß/ 10 Buch Papier/ verkauffet davon das Buch für 4 ℔ 6 ß/ frage wie viel er gelöset? Facit 221 fl.

20. Einer hat 18 Arbeiter 3 Monat 6 Tage/ gibt jeden des Tages 16 Groschen 2 ß/ wie viel machts? Facit 960 fl.

21. Ein Stein Pflaumen kostet 2 Gulden 10 ℔/ wie kommen 6 Stein 12 ℔? Facit 15 fl 5 Groschen.

22. Eine Last Gerste kostet 80 fl 20 Groschen/

wie

wie kommen 9 Last 45 Scheffel? Fac: 786 ℔
15 Groschen.

23. Ein Liß℔ Bergerfisch kostet 37 Groschen
1 ß/ wie kommen 12 Liß℔ 8 ℔? Facit 15 ℔
16 ℔ 12 ₰.

24. Eine Last Weitzen kostet 230 ℔/ was kosten
12 Last 36 Scheffel 2 Viertel? Facit 2899 ℔
27 ℔ 9 ₰.

25. Eine Last Hering kostet 180 ℔ 16 Groschen/
wie theuer 15 Last 9 Tonnen? Facit 2843 ℔
12 ℔

26. Eine Last Rogge kostet 120 ℔ 20 Gr./ wie
kommen 8 Last 26 Scheffel 2 Viertel? Facit 1018 ℔ 18 Gr. 15 ₰.

27. Einer kaufft 12 Schiff℔ 120 Pf. Wachs
das Schiff℔ umb 213 ℔ 18 Gr. 2 ß / wie viel
machts? Facit 2643 ℔ 17 Gr 4½ ₰.

28. Eine Marck Silbers kostet 24 ℔ 24 Gr.
2 ß/ was kosten 35 Marck 14 Schotgewicht
2 Quart? fabit 883 ℔ 22 Gr. 4¼ ₰.

29. Einer kaufft 25 Last 36 Scheffel 2 Viertel/
die Last für 124 ℔ 29 Gr. 6 ₰/wie viel machts?
facit 3200 ß 14 Gr. 3⅓ ₰.

30. Ein Goldschmiedt hat ein Stück Silber/

wieget

wieget 86 Marck / hält die Marck fein 12 Loth 3 Quart / koftet die Marck fein 25 fl. 24 Gr. 2 ß/ wie viel ift das Stück werth? facit 1769 fl 18 Gr. 15¼ ß.

31. Multipliciret 3 Gülden 17 Stuyber/3 Pfennige mit 2 Gülden 13 Stuyber 4 ß. Facit 10 Gülden 6 Stuyber 5½ ß. Multiplicir schlecht und durch Practic.

Dividiren durch
Practic.

Item / Dividiert 2569136 10544 durch 343976.

343976	1	2569136 10544
687952|2	7 / 2407832
1031928	3	1613041
1375904|4	4 / 1375904
1719880	5	2371370
2063856|6	6 / 2063856
2407812	7	3075145
2751808 8	3 / 2751808
3095784	9	3233374
3439760|10	9 / 3095784
	1375904
	4 / 1375904

Item

Item / Dividir 1020672 durch 256
Practic.

```
256 — 1
128 — 05
 64 — 025                              1
 32 — 0125            2      28
 16 — 00625          1020672
  8 — 003125         ————————
  4 — 0015625        003125 |
  2 — 00078125       000781 | 25
  1 — 000390625      00078  | 125
                     001    | 5625
                     000    | 78125
                     00     | 15625
                     00     | 078125
                     00     | 0390625
                     0      | 0078125
                     ——————————————————
                       3978 | 0000000
```

Item / Dividir 1511922664o durch 4o96
Practic.

D   4096

4096 — 1
2048 — 05
1024 — 025
512 — 0125
256 — 00625
128 — 003125
64 — 0015625
32 — 00078125
16 — 000390625
8 — 0001953125
4 — 00009763625
2 — 000048828125
1 — 00002144140625

7488
7775970
1511921166490

0001953125|
0015625 00|
0015 6250|
0015625|
002500|
001000|
000195|3125
0019|53125
00|15625

3691215|00000

Dividi

Dividiren in Müntz/ Maaß und Gewicht.

1. Fünff Kauffleute haben zu theilen 3244 Gulden 1 ℔ 12 ₰/ wie viel bekommt ein jeglicher? Facit 648 ℔ 24 Groschen 6 ₰.

℔	℔	₰
3244	1	12

5)   648   24   6

2. Ein Stück Tuch hält 48 Elen/ kostet 245 ℔ 26 ℔/ wie theuer 1 Ele? Facit 5 ℔ 3 ℔ 2 ß.

3. Item 88 ℔ kosten 131 ℔ 0 Groschen 2 ß/ wie kompt 1 ℔? Facit 1 ℔ 24 Groschen 2 ß.

4. Eine Last Weitzen kostet 145 ℔/ 15 ℔/ wie theur der Scheffel? Fac. 2 ℔ 12 ℔ 13⅕₰.

5. Eine Last Saltz kostet 95 ℔/ wie kompt die Tonne? Facit 5 ℔ 8 ℔ 1 ß.

6. Ein Achtel Butter/ (von 32 ℔) kostet 13 Marck 12 Groschen/ wie theuer 1 ℔? Facit 8 Groschen 9 ₰.

7. Ein Centner Allaun kostet 17 ℔ 10 Groschen/ wie theuer 1 ℔? Facit 4 Groschen 1 ß.

8. Ein Stein Baumwolle kostet 23 ℔/ wie theuer 1 ℔? Facit 28 Groschen 13½₰.

9. Einer giebt das Jahr 300 ℔ Zinse/ wie viel trifftes den Tag? Facit 24 Groschen 1 71/75 ß

D ij   Eine

10. Eine Last Hering kostet 122 fl / wie viel kan man haben für 1 fl (die Tonne von 305 Heringe? Facit ½ Schock.

---

11. Eine Last Rogge kostet 120 fl / wie viel kan man haben für 2940 fl? Facit 24 Last 30 Scheffel.

12. Eine Last Haber kostet 48 fl / wie viel hat man für 2196 Gulden? Facit 45 Last 45 Scheffel.

13. Eine Last Weitzen kostet 160 fl / wie viel kan man haben für 972 fl? Facit 6 Last 4 Scheffel 2 Vjertel.

14. Item 100 ℔ Castanien kosten 1 Reichsthaler / wie kommen 3240 ℔? Faci 32 Reichsthaler 36 Groschen.

15. Einer kaufft 120 Elen Schnüre/ für einen Ducaten (à 5½ fl) wie viel werden belauffen 1008 Elen? Facit 8 Ducaten 2 fl 6 ꝗc.

16. Einer verzehret in 3 Monat 5 Tage 145 fl 20 Groschen / was kompt den Tag? Facit 1 fl 16 Groschen.

17. Item 15 Last 9 Tonnen kosten 2843 Gülden 12 Groschen / wie kompt 1 Tonne? Facit 15 fl 1 Groschen 1 ß.

18. Wie

18. Wie kompt der Scheffel/ als 12 Last 24 Scheffel kosten 2744 ℔ 16 Groschen? Facit 110 Groschen 2 ß.

19. Ein Buchbinder hat 7 Ballen Papier/ kosten 202 ℔ 6 Groschen 2 ß/ wie kompt das Buch? Facit 4 Groschen 6 ₰.

20. Einer hat 18 Arbeiter/ 3 Monat 6 Tage haben verdienet 940 Gulden 24 ₰/ wie viel hat jeglicher täglich bekommen? Facit 16 ₰ 1 ß.

---

21. Eine Last kostet 125 ℔/ wie kommen 14 Scheffel? Facit 29 ℔ 5 Groschen.

22. Ein Centner kostet 26 ℔/ wie kommen 15 lb? Facit 3 ℔ 7 Groschen 9 ₰.

23. Item 15 Last 9 Tonnen/ kosten 2843 ℔ 12 Groschen/ wie theuer die Last? Facit 180 ℔ 16 Groschen.

24. Einer hat 12 Last 24 Scheffel/kosten 2744 Gulden 16 Groschen/ wie kompt die Last? Facit 221 ℔ 10 Groschen.

25. Item 15 Lißlb 10 lb/ kosten 19 ℔ 13 ₰ 6 ₰/ wie kompt ein Schifflb? Facit 24 ℔ 26 Groschen 2 ß.

26. Eine Ele Lacken kostet 4½ ℔/ wie viel kan man haben für 181 ℔ 15 Groschen? Facit 40½ Elen.

D iij　　　　　　Ein

27. Ein Mäckler verhandelt 3687 fl 15 Groschen/ sol haben für sein Provision von hundert 1 Marck wie viel bekompt er: Facit 36 Marck 17½ Groschen.

28. Eine Last Rögge kostet 123 fl 22 Groschen 9 ₰/ wie viel kan man haben für 1559 fl 7 Groschen 9 ₰ Facit 12 Last 36 Scheffel.

29. Ein Weinschencker haufft ein Faß Reinisch Wein für 893 fl 22 Groschen 9 ₰/ rechnet daß ihm der Stoff kostet 32 Groschen 9 ₰/ frage wie viel Stoff das Faß gehalten? Facit 625 Stoff.

30. Einer wil verwelschen 144 Printzenthaler (à 3 fl 3 Groschen) 2 fl 10 Groschen/ an Ducaten von 5 fl 22½ Grosch/ wie viel wird er bekommen? Facit 78 Ducaten/ und bleiben 7 Groschen übrig.

Von dem Namen der Regula Detri

Dieweil eine jede Frage oder Exempel/ so derselbigen unterworffen/ 3 bekandte Zahlen in sich hat/ darumb auch mit dem Wörtlein De Tri

Tri nichts anders zu verstehen ist/ als eine
Regel von drey bekandten Zahlen / dadurch
allezeit die unbekandte gesuchet und gefun-
den wird/ wird auch zuweilen Regula Pro-
portionum genennet / umb die eingeschlossen
Proportionalirten.   Sie wird auch genennet
Regula Aurea, oder die güldene Regel und daß
von wegen ihres grossen Nutzen. Sie nennen
sie auch Regula Mercatorum, die weil die
Kauffleute von wegen ihres grossen Handels/
dieselben nicht können ohne seyn.   Den Ur-
sprung/ Grund und Herkommen dieser Regel/
hat sie erstlich (wie etliche wollen) auß der ge-
meinen Vernunfft/ und hernacher/ durch die
Fundamenten Euclidis befästiget / gleich wie
folget.

Euclidis 6. Propositie 16.

Wann vier Linien proportioniert seyn/ so ist
das Winckelrechte Parallelogram, welches
von den zweyen äussersten Linien gemacht
wird gleich dem Winckelrechten Parallelogram, so von den zweyen Mittlern gemacht
wird.   Hinwiderumb/ wann das Winckelrechte Parallelogram, so von den zweyen äussersten Linien gemacht wird/ gleich ist dem
Winckelrechten Parallelogram, so von den

D iiij   zweyen

zwenen Mittelern beschrieben wird/ so seyn solche vier Linien geproportionirt.

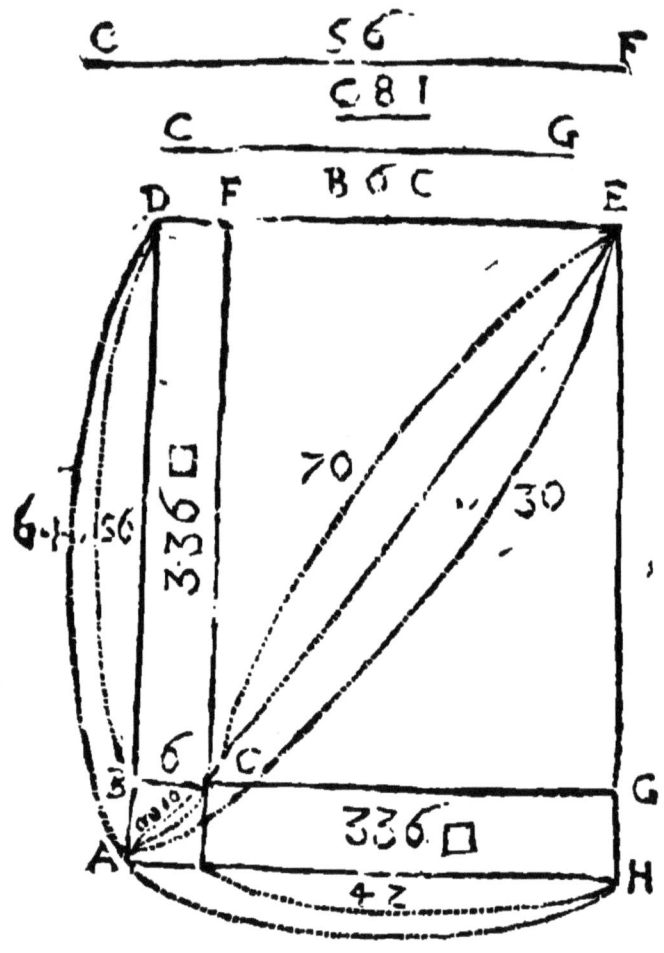

Euclidis 7. Propositie 14.

Wann da zwey Ordnunge der Zahlen seyn/ das nehmlich/ wie die erste gegen die ander sich hält in der ersten Ordnung/ gleich auch also die

die erste / (der andern Ordnunge) gegen die zweyten / und also ferner / so sol auch die erste gegen die letzte der ersten Ordnunge sich halten / als die erste gegen die letzte der andern Ordnung.

$$BC \quad DE \quad AC \quad AE$$
$$6 - 48 - 10 - 0$$
$$8 \qquad\qquad 8$$

Allhier ist Augenscheinlich / daß 6 in 48 wird 8 mahl behalten / also nach Außweisung dieser 14 Propositie des 7 Buchs Euclidis in Proportione, die dritte in der vierten / also auch 8 mahl beschlossen seyn.

Euclidis 7. Propositie 20.

Wann drey geproportionirte Zahlen sind / so ist das Product auß den zweyen äussersten gleich dem Product / so auß den mittelsten in sich selber gemultipliciret / und wenn das Product auß den zweyen äussersten gleich ist dem Product / auß den mittelsten gemultipliciert so sind 3 Zahlen geproportioniert.

$$9 - 6 - 6 - 4$$
$$36$$
$$36$$

D b   Also

Also auch:

```
CG      BC      BD      AB
42  —   6  —   56  —   8
        |   336   |
        ————————
           336
```

Enclidis 5. Propositie 16.

Wann 4 Quantitäten geproportioniret seyn
also daß die erste gegen die zweyte ist / gleich
die dritte gegen die vierte/ so hat auch die erste proportie gegen die dritte / als die zweyte
gegen die vierte.

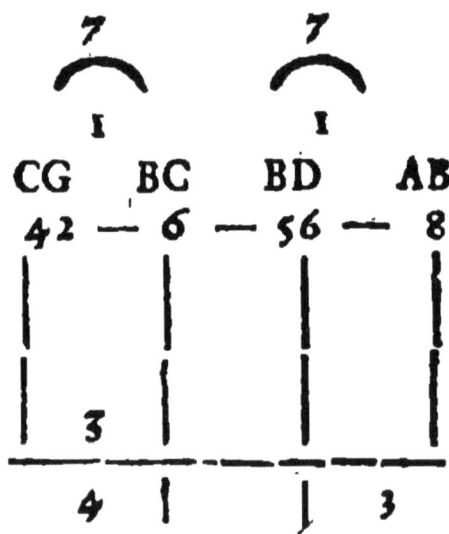

```
       7             7
     ⌢             ⌢
     1             1
CG      BC      BD      AB
42  —   6  —   56  —   8



      3
   ————————————————
   4    |      |    3
```

Regu-

Regula De Tri in gantzen Zahlen.

Gleich die Erste zu der Zweyte / also die Dritte gegen die Vierdte / also von allen unterstehenden Propoitionen.

AB 8 — BC 6 — AD 64 — DE 48
   1   8

AB 8 — AC 10 — AD 64 — AB 80
   1   8

BC 6 — AB 8 — DE 48 — AD 64
   1   8

BC 6 — AC 10 — DE 48 — AC 64
   1   8

AC 10 — AB 8 — AE 80 — AD 64

AC 10 — BC 6 — AE 80 — DE 48

AB 8 — AD 64 — BC 6 — DE 48
   1   8

AB 8 — AD 64 — AC 10 — AE 80
   1   8

BC

BC 6 — DE 48 — AB 8 — AD 64
    1   8

BC 6 — DE 48 — AC 10 — AE 80
    1   8

AC 10 — AE 80 — AB 8 — AD 64

AC 10 — AE 80 — BC 6 — DE 48

AD 64 — DE 48 — AB 8 — BC 6
    8   6   1
    1

AD 64 — AE 80 — AB 8 — AC 10
    8   10
    1   1

DE 48 — DA 64 — BC 6 — AB 8
    6   8   1
    1

DE 48 — AE 80 — BC 6 — AC 10
    6   10   1
    1

AE 80 — AD 64 — AC 10 — AB 8
    1   8

                                   AE

AE 80 — DE 48 — AC 10 — BC 6
   1   6

AD 64 — AB 8 — DE 48 — BC 6
   8   1   6
   1

AD 64 — AB 8 — AE 80 — AC 10
   8   1   10
   1

DE 48 — BC 6 — AD 64 — AB 8
   6   1   8
   1

DE 48 — BC 6 — AE 80 — AC 10
   6   1   10
   1

AE 80 — AC 10 — AD 64 — AB 8
   1   8

AE 80 — AC 10 — DE 48 — BC 6
   1   6

AB 8 — BC 6 — BD 56 — FE 42
   1   7

AB 8 — AC 10 — AD 56 — CE 70
   1   7
                               BC 6

BC   6 — AB   8 — FE 42 — BD 56
     1   7

BC   6 — AC 10 — FE 42 — CE 70
     1   7

AC 10 — AB   8 — CE 70 — BD 56
AC 10 — BC   6 — CE 70 — FE 42

AB   8 — BD 56 — AC 10 — CE 70
     1   7

AB   8 — AD 46 — BC   6 — AH 48
     1

BC   6 — FE 42 — AB   8 — BD 56
     1   7

BC   6 — FE 42 — AC 10 — CE 70
     1   7

AC 10 — CE 70 — AB   8 — BD 56

AC 10 — CE 70 — BC   6 — FE 42

BD 56 — FE 42 — AB   8 — BC   6
    8   6   1
    1

                               BD

BD 56 — CE 70 — AB 8 — AC 10
   8   10   1
   1

FE 42 — BC 56 — BD 6 — AB 8
   6   8   1
   1

FE 42 — CE 70 — BC 6 — AC 10
   7   10   1
   1

CE 70 — BD 56 — AC 10 — AB 8
   1   8

CE 70 — FE 42 — AC 10 — BC 6
   1   6

BD 56 — AB 8 — FE 42 — BC 6
   8   1   6
   1

BD 56 — AB 8 — CE 70 — AC 10
   8   1   10
   1

FE 42 — BC 6 — BD 56 — AB 8
   6   1   8
   1

FE 42 — BC 6 — CE 70 — AC 10
      6   1   10
      1

CE 70 — AC 10 — FE 56 — BC 8
      1   8

CE 70 — AC 10 — FE 42 — BC 6
      1   6

---

1. Einer kaufft 24 Elen Lacken / und gibt für eine Ele 9 ℔ / wie viel werden sie belauffen? facit 216 ℔.

         1 — 9 — 24

2. Wie theuer eine Ele / wenn 24 Elen kosten 216 ℔? Facit 9 ℔.

3. Einer wil für 216 ℔ Lacken kauffen/kostet die Ele 9 ℔ / wie viel wird er bekommen? Facit 24 Elen.

4. Wie viel kan man haben für 68 ℔/ wenn 1 ℔ kostet 17 ₰? Facit 120 ℔.

5. Einer verdienet das Jahr 219 ℔/ was kostt den Tag? Facit 18 ₰.

6. Einer verkaufft 4 Stein Pfeffer / und giebt 1 Pfund für 27 ₰/ wie viel hat er gelöset? Facit 86 ℔ 12 ₰.

7. Einer

7. Einer wil anlegen 14 ⅓ Rosenobels (à 11½ ℔) an Rogge kostet der Scheffel 6 ß ℔/ wie viel wird er bekommen? Facit 12 Last 39 Scheffel.

8. Eine Last Weitzen kostet 210 ℔/ wie viel kan man haben für 185 Ducaten (à 5 ℔ 3 Ort) Facit 5 Last 3 Scheffel 4⅘ Viertel.

9. Ein Holländer kaufft 56 Last Roggen / die Last für 112 ℔/ wie viel Güldenstück von 50 Groschen machens? Facit 3763 Güldenstück 10 Groschen.

10. Einer kaufft 98 Last/ und giebt für eine Last 215 ℔/ wie viel Ducaten (à 5 Gülden 22½ ℔ machens? Facit 3664 Ducaten 2 ℔.

---

11. Einer kaufft 24 Elen Laken / und gibt für eine Ele 12 ℔ 25 ß. wie viel werden sie belauffen? Facit 308 ℔

Ele	℔	ß	Elen
1	12	25	42

12. Einer kaufft 24 Elen Laken / kosten 187 Gülden / 20 Groschen 12 ₰/ wie theuer die Ele? Facit 7 ℔ 24 ß 11 ₰.

13. Ein Pfundt Saffran kostet 8 ℔/ was kosten 24 ℔ 12 Loth? Facit 195 ℔.

E

14. Item

14. Item / 8 Laſt 24 Scheffel / die Laſt zu 132 Gülden 15 Groſchen / wie viel machts? Facit 1113 ℔.

15. Einer kaufft 8 Schiff ℔ 40 ℔ Käſe / koſten 72 ℔ 17 ℊ 9 ₰ / wie theuer 1 Schiffpfundt? Facit 8 ℔ 28 Groſchen.

16. Item / 15 Laſt 3 1 Scheffel 2 Viertel / koſten 2217 ℔ 18 Groſchen / wie kompt die Laſt? Facit 142 ℔ 25 Groſchen $3\frac{21}{27}$ ₰.

17. Einer kaufft 12 Laſt 26 Scheffel 3 Viertel Weitzen / koſtet die Laſt 210 ℔ 22 Groſchen 9 ₰ / wie viel machts? Facit 2622 ℔ 28 ℊ $14\frac{1}{13}$. Pfenning.

18. Ein Pfundt Kaneel koſtet 4 ℔ 15 Groſchen 2 ß / wie viel kan man haben für 145 ℔ 24 ß? Facit 32 ℔ 7 Loth $2\frac{114}{407}$ Quart.

19. Item / 8 Laſt 22 Scheffel 2 Viertel / koſten 944 ℔ 26 ℊ $10\frac{1}{2}$ ₰ / wie theuer 1 Laſt? Facit 112 ℔ 34 ℊ 12 ₰.

20. Einer wil anlegen 123 Frantzſche Cronen (à 5 ℔ 10 ℊ) 1 Reichsthaler und 1 Orts ℔ und dafür Linnen kauffen / koſtet die Ele 24 ß $4\frac{1}{2}$ ₰ / wie viel Stück wird er bekommen / als jegliches Lang iſt 54 Elen? Facit 15 Stück $5\frac{11}{67}$ Elen.

21. Wie

21. Wie kommen 36 Elen / wenn 48 Elen kosten 432 ℔? Facit 324 ℔.

Elen	℔	Elen	
48 ——	432 ——	36	Facit 324℔

22. Item 36 Elen kosten 324 ℔/ wie kommen
48 Elen? Facit 432 ℔.

23. Item 48 Elen kosten 432 ℔/ wie viel kan
man haben für 324 ℔? Facit 36 Elen.

24. Item 36 Elen kosten 324 ℔/ wie viel hat
man für 432 ℔? Facit 48 Elen.

25. Item 25 ℔ kosten 15 ℔/ wie kompt ein
Centner? Facit 72 ℔.

26. Item 180 Stücke Lacken kosten 23212 ℔/
wie kommen 918 Stücke? Facit 197302 ℔.

27. Item 56 Last kosten 4584 ℔/ wie theuer
24 Last? Facit 1964 ℔ $17\frac{1}{7}$ Groschen.

28. Item 72 Elen Laken kosten 729 ℔/ wie
viel kan man haben für 5103 ℔? Facit 504
Elen.

29. Item 63504 ℔/ kosten 288 Reichsthaler/
was kosten 637 ℔? Facit $2\frac{8}{5}$ Reichsthaler.

30. Item 457 ℔ kosten 312 ℔/ was werden kosten 309 ℔? Facit 210 ℔ 28 ℔ $2\frac{118}{477}$ ℔.

31. Item 10 Stück Mardern kosten 27 ℔/ wie

viel kan man haben für 702 Gülden? Facit 260 Stück.

32. Item 100 Elen Schnüre kosten 36 fl/ wie theuer 2500 Elen? Facit 900 fl.

33. Item 40 Elen Laken kosten 390 fl/ wie kommen 250 Elen? Facit 2437 fl. 15 ℔.

34. Item wie theuer kommen 80000 ℔/wenn 60000 ℔ kosten 4000 fl? Facit 5333 fl 10 Groschen.

35. Item vor 48828125 Gülden kaufft man 58593750 ℔ Kupffer/wie theuer 314928 ℔? Facit 262440 fl.

36. Item 333 Elen kosten 888 fl/ wie kommen 50 Elen? Facit 133 fl 10 Groschen.

37. Einer giebt 585 fl ein Jahrlang auff Interess, sol haben von 100 fl 8 fl das Jahr/ wie viel gewinnet er? Facit 46 fl 24 ℔.

38. Einer kaufft 840 Stück Bockfell/ des giebt man ihm auff jeglich Hundert 5 zu / wie viel Stücke sol er zahlen? Facit 800 Stück.

39. Item 2000 Amsterdamsche Ruthen thun eine Meile/ und 8 Ruhten Amsterdamsche thun 7 Dantziger/ wie viel Dantziger Ruhten gehen auff eine Meile? Facit 1750 Ruhten.

40. Ein

40. Ein Reichsthaler thut zu Amsterdam 50
Stoyber/ wie viel thut 345 ℞ Polnisch/ Ca-
rolus Gulden von 20 Stoyber? Facit 287
Gulden 10 Stoybers.

---

41. Einer kaufft 4 Elen Laken für 30 ℞ 12 ℥
1 ß; Eine ander wil umb denselben Kauff haben 48 Elen/ wie viel werden die belauffen?
Facit ; 64 ℞ 28 Groschen.

Elen	℞	℥	ß	Elen
4 —	30 —	12 —	1 —	48

42. Einer kaufft 1 Last 6 Tonnen Saltz/ kosten 65 ℞/ wie kommen 12 Last. 4 Tonnen?
Facit 595 ℞ 25 Groschen.

43. Ein Kauffman hat 5 Last 30 Scheffel Rog-
ge/ kosten 880 fl / wie kommen 3 Last 12
Scheffel 2 Viertel? facit 513 fl 10 Groschen.

44. Ein Pack Wachs kostet 1016 fl 12 Gro-
schen/ wieget 4 Schiffpfund/ 11 Lißpfund/
12 Pfund/ wie kommen 3 Schiff℔ 141 ℔?
Facit 762 fl 9 Groschen.

45. Item 100 ℔ Käse kosten 33 ℞ 12 Groschen 6 ₰/ wie viel hat man für 200 Gulden-
stück (à 50 ℞) 23 ℥ 6 ₰? Facit 1000 ℔.

46. Wie viel kan man haben für 1218 fl/ wenn

6 Laſt 4 Scheffel 2 Viertel/ koſten 8 1 2 fl?
Facit 9 Laſt 6 Scheffel 3 Viertel.

47. Ein Kahn mit Rogge hält 101 Laſt 25
Scheffel 2 Viertel/koſten 10142 ℔ 15 Groſchen/ wie biel wird ein ander Kahn belauffen / der da hält 67 Laſt 37 Scheffel? facit
6761 fl 20 Groſchen/

48. Item 8 Laſt 23 Scheffel 2 Viertel/ koſten
944 ℔ 26 Groſchen 10 ℔/ wie biel kan man
haben für 2834 fl. 19 Groſchen 1 2 ℔? facit
25 Laſt 7 Scheffel 2 Viertel.

49. Einer wil für 1 3 fl 16 Groſchen 4⅓ ℔ Gerſte kauffen/ koſten 6 Laſt 30 Scheffel 422 fl.
1 5 Groſchen/ wie biel bekompt er? Facit 1 2
Scheffel 2 Viertel.

50. Ein Cent. 70 ℔ Pulver koſten 1 1 5 fl 10 ℔
13½ ℔/ wie biel werden belauffen 85 Centner
64 ℔   Facit 6231 fl 23 Groſchen 6$\frac{42}{95}$ ℔.

51. Ein Kauffman hat 2 Fäſſer Wein/ das erſte Faß iſt groß 325 Maß/ koſtet ihm 17
Stüvers die Maß: Das ander Faß hält in
415 Maß/ koſtet ihm 14 Stuyber die Maß/
dieſe zwey Fäſſer verkaufft er wiederumb/ jeder
Maß zu 16 Stuyber. Frage/ wie biel er
denn in alles gewinnet? Facit 25 Gülden /
5 Stuybers.

3. Item

53. Item/ eine Ele Tapecerey ins vierkant (zu
verstehen/ eine Ele lang und breit/) kostet 5 L.
Flämisch/ was sollen alsden belauffen 9 Stü-
cke/ jeder von 1 2 Elen lang/ und 3 Elen breit/
in Rosenobels von 8 Güldens 5 Stuybers
das Stück ?   Facit 1 1 7 8 Rosenobels 30
Stuybers.

53. Item/ ein Weinschenck hat Wein von 14
Stuybers/ und Wein von 1 2 Stuybers die
Maß/ wie viel Maß muß man von jedes ha-
ben für Fransche Kronen von 6 5 Stuyber das
Stück ?   facit 5 Maß von jedes.

54. Item/ ein Stück Tapecerey ist lang 1 2 Elen
und breit 3 Elen/ kosten in alles 1 80 Gülden.
Frage/ auff wie viel kompt viereckichte oder
quadrat Ele zu stehen? facit 5 fl.

55. Item/ einer hat Holtz 840 Stück/ und man
sol ihm auff jeder Hundert 5 zugeben/ frage /
wie viel Höltzer er in alles mit die so man ihm
zugibt/ empfangen soll? facit 882 Höltzer.

56. Item/ einer kaufft 840 Höltzer/ und man
sol ihm von jeder Hundert 5 abschlagen/ für die
Undichtigen oder Bracke. Frage/ wie viel er
dann von die vorschriebenen 840 Höltzen bezahlen sol? facit 798 Höltzer.

57. Item einer kaufft 840 Höltzer/ und sol auff jedes Hundert 5 zu haben. Frage / wie viel stück Holtz er von den vorschribenen 840 bezahlen muß? Facit 800 Höltzer.

58. Item / ein Holtz-Käuffer kaufft 840 Stück Holtz/ mit solcher Condition/ daß man ihm so viel Stück sol zugeben/ daß er ein jedes Hundert 5 umb nichts habe/ frage/ wie viel Stück er dann alles mit der Zugabe empfangen muß? facit 884 $\frac{4}{15}$ Stück.

59. Item/ ein Kauffman empfähet 3000 ℔ Wolle/ Tarra 6 pro Cento für die Säcke / und sol bezahlen für jeder ℔ netto 18 Stüber/ frage/ wie viel diß beläufft in Thalers von 32 Stübers das Stück? facit 1586 Thalers/8 Stübers.

60. Item / ein Weinschenck käufft von einem Kauffman ein Faß Wein/haltende 640 Maß/ zu 15 Stünyer die Maß: Darnach präsentirt ihn der Kauffman ander Wein von 12 Stüber die Maß/ frage/ wie viel Maß von dem geringerem Preiß/ daß er für die verschriebene 640 Maß haben mag? facit 800 Maß.

ARITHME-
TICA

Oder

Rechen / Kunst /

Das Ander Büchlein
Von gebrochnen Zahlen

Beschrieben

durch

CASPARUM Behmen /

Arithmeticum in Dantzig.

Anitzo mit einem Anhange

vermehret durch

JOHAN DAUMAN,

Hol. B. H.

DANTZIG /

Werden verkaufft bey Samuel Andres.

ANNO M. DC. XCV.

Von gebrochenen Zahlen.

Brüche werden mit zwo Zahlen (deren eine oben/ die ander unten der Linien) geschrieben : Als ¼/ und werden außgesprochen / nehmlich die oberste Ziffer erst bey ihrem Nahmen / und stracks darauff die unterste auch bey ihrem Nahmen / mit dem Wörtlein Theil. Als ⅔/ zwey drittheil / ¾ drey viertheil / ⅚ fünff sechstheil. Die oberste Ziffer wird der Zehler genandt / weil er zehlet / wie viel es Theile sind vom gantzen / die unterste wird der nenner genandt / denn er benennet / was die obersten für Theile sind / und zeiget an / in wie viel Theile das gantze getheilet ist. Als : Einer hat ein Stücke Landes / dasselbe wird getheilet in 16 gleicher Theil / verkaufft davon 12 Theil / oder 3. vierdepart / so Restiret ihm 4/16/ oder ¼ part. Bey diesem Bruch zeiget die unterste Zahl an / daß das gantze in 16 Theile getheilet ist/die oberste aber/wie viel es Theile vom gantzen sind. Als:

L'egie-

Begiebet sichs aber / daß der Zehler so groß ist wie der Nenner / so ist der Bruch ein gantzes. Als / 4/4/ 6/6/ 8/8/ 12/12/ Ist aber der Zehler grösser denn der Nenner / so ist der Bruch mehr als ein gantzes. Als / wie biel ist 5/4/ Dibidir den Zehler durch den Nenner? Facit 1¼.

Wie biel ist 9/6/ Facit 1½/ | Item / 15/12/ Facit 1¼.

Wie man Brüche verkleinern sol.

Suche eine Zahl / wie im ersten Büchlein bey der Regel De Tri gelehrt / Dibidir damit des Bruchs Zehler und Nenner / daß es gerade auffgehe. Befinden sich Nullen / so streich eine gegen die ander auß. Als :\

	4		7		9		2	
3528		882		126		14		7
40;2		1008		144		16		8

Item / 2520/4536/ Facit 5/9 | Item / 12500/14000/ Facit ¼.

Wenn man aber keine Zahl finden kan / womit

mit der Bruch möge verkleinert werden/ so nimb
erstlich den Nenner/ und Dividir ihn durch den
Zehler/ darnach nimb den Divisor, und Dividir
ihn durchs Uberbliebende/ das thue so offt bis es
endlich gerade auffgehet/ alsdann nimb die Zah-
le/ womit es gerade ist auffgegangen/ und verkleinere damit den Bruch. Befindet sich aber/
daß zu letzt 1. kompt/ so ists eine Anzeigung/
daß der Bruch nicht kan verkleinert werden.
Als:

$$\underbrace{3}\quad\underbrace{4}\quad\underbrace{\lceil 4\rceil}$$

$$\underline{3\,4\,|\,2\,|\,1\,1\,4\,4\,|\,2\,8\,6\,|\,2}$$
$$8\,5\,8\,0\,|\,2\,8\,6\,0\,|\,7\,1\,5\,|\,5$$

Item/ $\frac{8580}{10404}$/ Facit $\frac{11}{13}$/ Item/ $\frac{1716}{1573}$ Facit.

Brüche / so ungleiche Nenner
haben/ unter einen Nenner
zu bringen.

Nim den größten Nenner/ oder eine andere Zahl/ und besehe welche Nenner
darinnen auffgehen/ die verzeichne mit
einem

einem Strich / welche aber nicht auffgehen wollen / und ungeschickte Zahlen seyn / die multiplicir mit einander / seynd sie geschickt / so dividir sie / und kürtze das überbliebende / was denn
kompt aus dem gekürtzten Bruchs Nenner / das
multiplicir mit der gefundenen Zahle / und so
fortan thue mit allen Bruchs Nennern / bis
man die Zahle findet / worinne alle Brüche
Nenner gerade auffgehen.   Endlich dividir die
gefundene Zahl durch der Brüche Nenner / was
kömpt multiplicir mit die Zehler und stelle es
bey seyten eines jeglichen Bruchs / da man denn
sehen kan / welcher der gröste / oder wie viel einer mehr ist als der ander.   Als bringe $\frac{2}{3}$ und
$\frac{5}{8}$ unter einen Nenner.

$$\begin{array}{l} \frac{2}{3} - 4 \\ \frac{5}{8} - 5 \end{array} \quad (6 \text{ Proba } \tfrac{4}{5}\tfrac{2}{3}$$

Item / $\frac{2}{3}$ und $\frac{4}{7}$. Item / $\frac{1}{4}$ und $\frac{5}{6}$. Item $\frac{7}{8}$ und $\frac{8}{10}$.
Item / $\frac{2}{3}$ / $\frac{1}{4}$ / $\frac{5}{8}$.   Item $\frac{1}{2}$ / $\frac{5}{6}$ / $\frac{7}{8}$ / $\frac{9}{10}$.
Item / $\frac{3}{4}$ / $\frac{5}{6}$ / $\frac{6}{7}$ / $\frac{7}{8}$ / $\frac{9}{10}$.   Item $\frac{1}{2}$ / $\frac{3}{4}$ / $\frac{4}{5}$ / $\frac{6}{7}$ / $\frac{8}{9}$ / $\frac{11}{12}$.

Addiren in gebrochenen Zahlen.

1. Einer

1. Einer kaufft $\frac{1}{3}$ part Haufes/ noch hat er darzu geerbet $\frac{1}{3}$ part/ wie viel hat er in alles. Addire die Zehler/ und setze darunter der Brüche Nenner. Als

$$\frac{1}{3} - 3$$
$$\frac{1}{3} - 1\frac{1}{3} - 1 \text{ gantzes.}$$

Sum: $1 - 4$. Proba/ thue bey allen Species/ wie im erſten Büchlein iſt gelehret worden.

2. Addir $\frac{1}{3}$ $\frac{1}{3}$ und $\frac{1}{3}$. Facit 1 gantzes.

3. Addir $\frac{7}{18}$ $\frac{1}{18}$ $\frac{1}{18}$/ $\frac{1}{18}$. Facit 1 gantzes.

4. Addir $27\frac{1}{18}$ und $19\frac{1}{18}$. Facit $46\frac{1}{3}$.

5. Addir $23\frac{1}{11}$ und $26\frac{11}{11}$. Facit $50\frac{1}{11}$.

6. Addir $25\frac{1}{3}$/ 15/ $24\frac{1}{3}$. Facit $65\frac{1}{3}$.

7. Addir $28\frac{1}{11}$/ $22\frac{1}{11}$/ $35\frac{11}{11}$/ $46\frac{11}{11}$. Facit $132\frac{1}{11}$.

8. Einer kaufft $\frac{1}{3}$ und $\frac{1}{4}$ Ellen Sammet/ was macht die Summa? Bringe die Brüch (wie vor gelehret) unter einen Nenner/ und addir die Zehler. Facit $1\frac{1}{4}$ Ellen.

9. Addir $\frac{1}{3}$ und $\frac{1}{8}$. Facit $1\frac{1}{8}$.

10. Addir $\frac{2}{7}$ und $\frac{1}{4}$. Facit $1\frac{5}{11}$.

11. Addir $\frac{4}{7}$ und $\frac{1}{3}$. Facit $1\frac{12}{13}$.

12. Addir $\frac{1}{3}$/ $\frac{1}{3}$/ $\frac{1}{3}$. Facit $2\frac{1}{4}$.

13. Addir $\frac{1}{3}$/ $\frac{1}{3}$/ $\frac{1}{3}$/ $1\frac{1}{3}$. Facit $3\frac{11}{13}$.

14. Ad-

14. Addir $\frac{2}{3}$/ $\frac{3}{4}$/ $\frac{4}{7}$/ $\frac{6}{7}$/ $\frac{8}{9}$/ $\frac{11}{12}$.   facit $4\frac{277}{717}$.

15. Addir $\frac{1}{2}$/ $\frac{2}{3}$/ $\frac{3}{4}$/ $\frac{4}{5}$/ $\frac{5}{8}$/ $\frac{6}{9}$/ $\frac{7}{8}$/ $\frac{8}{9}$/ $\frac{9}{10}$/ $\frac{10}{11}$/ $\frac{11}{12}$.   facit $8\frac{2481\,9}{2772\,0}$.

16. Einer hat 3 Ballen Nägelein/ wegen $181\frac{1}{3}$/ $170\frac{1}{4}$/ $183\frac{1}{8}$ ℔/ wie biel ist die Summa? facit $534\frac{17}{24}$ ℔.

17. Item / 4 Säcke Pfeffer / wegen $235\frac{1}{3}$/ $240\frac{1}{8}$/ $220\frac{1}{4}$/ $237\frac{5}{8}$ ℔/ wie biel ist die Sum: facit $933\frac{7}{8}$ ℔.

18. Einer kaufft 5 Stücke Gewandt/ halten $42\frac{5}{18}$. $43\frac{1}{4}$/ $41\frac{2}{3}$/ $43\frac{7}{8}$/ $39\frac{3}{4}$ Ellen/ was macht die Summa? facit $210\frac{41}{48}$ Ellen.

19. Einer kaufft 6 Ballen Wahre/ wegen $82\frac{12}{13}$/ $83\frac{11}{14}$/ $48\frac{14}{17}$/ $86\frac{16}{17}$/ $88\frac{18}{19}$/ $9 \cdot \frac{19}{20}$ ℔/ wie biel ist die Summa? Facit $519\frac{1099619}{1763760}$ ℔.

20. Einer hat $89\frac{14}{17}$/ $90\frac{11}{13}$/ $98\frac{15}{16}$/ $100\frac{12}{15}$/ $99\frac{14}{47}$/ $101\frac{31}{76}$/ $85\frac{17}{98}$/ $102\frac{111}{1711}$ Ducaten/ was mache die Summa? Facit $768\frac{9\,50021011}{10128511520}$ Ducaten.

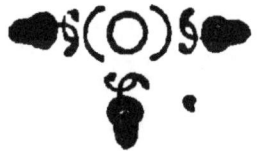

Sub=

Subtrahiren in gebrochnen Zahlen.

1. Einer hat $\frac{3}{4}$ part Hauses / verkaufft davon $\frac{1}{4}$ / wie viel behält er noch. Subtrahir die Zehler / und setze darunter der Brüche Nenner;

Als /

$$\begin{array}{c} \frac{3}{4} - 3 \\ \frac{1}{4} - 1 \\ \hline \text{Rest} \quad \frac{1}{2} - 2 \end{array} \qquad \frac{2}{4} \mid \frac{1}{2} \text{ Hauß}$$

2. Subtrahir $\frac{1}{8}$ von $\frac{3}{8}$. Rest $\frac{1}{4}$.

3. Subtrahir $\frac{3}{10}$ von $\frac{7}{10}$. Rest $\frac{2}{5}$.

4. Subtrahir $3\frac{1}{3}$ von $7\frac{5}{8}$. Rest $4\frac{2}{3}$.

5. Subtrahir $4\frac{5}{12}$ von $6\frac{11}{12}$. Rest $2\frac{1}{2}$.

6. Subtrahir $5\frac{5}{8}$ von $8\frac{1}{8}$. Rest $2\frac{1}{2}$.

7. Subtrahir $6\frac{7}{9}$ von $10\frac{1}{9}$. Rest $3\frac{1}{3}$.

8. Einer hat $\frac{2}{3}$ ℔ Saffran / verkaufft davon $\frac{1}{2}$ ℔ / wie viel behält er noch. Bringe sie unter einen Nenner / und Subtrahir die Zehler. Rest $\frac{1}{6}$.

9. Subtrahir $\frac{2}{3}$ von $\frac{3}{4}$. Rest $\frac{1}{12}$.

10. Subtrahir $\frac{1}{4}$ von $4\frac{5}{8}$. Rest $4\frac{1}{12}$.

11. Subtrahir $\frac{5}{6}$ von $10\frac{1}{8}$. Rest $9\frac{7}{24}$.

12. Subtrahir $7\frac{1}{2}$ von $10\frac{1}{8}$. Rest $2\frac{5}{8}$.

13. Subtrahir $5\frac{4}{10}$ von $6\frac{7}{8}$. Rest $\frac{19}{40}$.

14. Subtrahir $896\frac{40}{71}$ von $1240\frac{1}{71}$. Rest $343\frac{11}{68}$.

16. Ei.

15. Subtrahir $3450\frac{187}{400}$ von $5649\frac{212}{337}$.
Rest $2198\frac{2818}{1417}$.

16. Einer kaufft ein Sack Nägelein / wieget $95\frac{1}{2}$ lb. Tara für den Sack $2\frac{1}{4}$ lb / wie viel bleibet noch lauter / Rest $92\frac{11}{12}$ lb.

17. Item 2. Kisten Zucker / wegen in alles $1251\frac{1}{8}$ lb. Tara für das Holtz $47\frac{1}{2}$ lb / wie viel bleibet noch lauter / Rest $1203\frac{10}{14}$ lb.

18. Einer hat 36 Ellen Tobin / verkaufft davon $15\frac{1}{2}$ Elen / wie viel behält er noch? Rest $20\frac{1}{4}$. Elen.

19. Einer hat 100 fl / verlieret davon $3\frac{1}{2}$ Ort / oder $\frac{7}{8}$ fl / wie viel behält er noch. Rest $99\frac{1}{8}$ fl.

20. Eines Königes Jährliches Einkommen wird geschätzet auff 1000 Milionen 18746 fl / und Jährlich Außgabe auff $345\frac{1}{2}$ Tonnen Goldes $7847\frac{1}{12}$ fl. Frage wie viel kompt zum Scha-tze / Rest 9654 Tonnen Goldes $60898\frac{11}{12}$ fl.

Multipliciren in gebroch-
nen Zahlen.

1. Eine Ele kostet $\frac{2}{3}$ fl / wie kommen $\frac{1}{4}$ Elen. Setze die Brüche gegen einander / und kürtze Zehler gegen Nenner Creutzweise / hernach

S   Multi-

Multiplicir allezeit Zehler mit Zehler / Nenner mit Nenner / man kan / oder kan nicht kürtzen. Als

$$\frac{1}{2} \longrightarrow \frac{1}{3}$$

———————— Facit $\frac{1}{6}$.

$$\frac{3}{1} \longrightarrow \frac{4}{2}$$

2. Multiplicir $\frac{2}{3}$ mit $\frac{5}{8}$.   Facit $\frac{1}{4}$.

3: Multiplicir $\frac{4}{3}$ mit $\frac{5}{8}$.   Facit $\frac{2}{3}$.

4. Multiplicir $\frac{8}{13}$ mit $\frac{11}{24}$.   Facit $\frac{1}{3}$.

5. Ein Centner kostet 20 fl / wie kommen $\frac{3}{5}$ Centner / setze unter die gantze Zahl 1 / so sinds ein Theil oder gantze.   Als

$$\frac{3}{5} \longrightarrow \frac{20}{1}$$

———————— Facit $\frac{12}{1}$ oder 12 gantze.

6. Multiplicir $\frac{7}{8}$ mit 46.   Facit $40\frac{1}{4}$.

7. Multiplicir 36 mit $\frac{5}{6}$.   Facit 30.

8. Multiplicir 80 mit $\frac{11}{32}$.   Facit $77\frac{1}{2}$.

Brüche von Brüchen.

9. Wie viel ist $\frac{1}{2}$ von $\frac{1}{3}$ Part Speichers.

$$\frac{1}{2} \longrightarrow \frac{1}{3}$$

———————— Facit $\frac{1}{6}$ Part.

10. Item/

10. Item/ $\frac{2}{3}$ von $\frac{3}{4}$. Facit $\frac{1}{2}$.

11. Item/ $\frac{3}{4}$ von $\frac{5}{6}$. Facit $\frac{5}{8}$.

12. Item/ $\frac{1}{8}$ von $\frac{5}{32}$. Facit $\frac{5}{256}$.

13. Wie viel ist $\frac{3}{4}$ aus $\frac{4}{7}$ Part Hauses. Facit $\frac{3}{7}$. Part.

14. Item/ $\frac{4}{5}$ aus $\frac{5}{6}$. Facit $\frac{2}{3}$.

15. Item/ $\frac{5}{6}$ aus $\frac{7}{8}$. Facit $\frac{35}{48}$.

16. Item/ $\frac{5}{6}$ auß $\frac{11}{12}$. Facit $\frac{55}{216}$.

17. Wie viel ist $\frac{2}{3}$ von 6. Facit 4.

18. Item/ $\frac{3}{4}$ von 12. Facit 9.

19. Item/ $\frac{4}{5}$ aus 20. Facit 16.

20. Item/ $\frac{7}{8}$ aus 24. Facit 21.

21. Eine Ele Lacken kostet 6½ ℜ/ wie kommen $\frac{3}{4}$ Elen/ richte die 6½ ein/ nehmlich Multiplicir die gantze Zahle mit des Bruchs Nenner/ und Addir den Zehler dazu/ endlich setze den Nenner darunter.

Als/ 6½

3 —— 13

Facit 4$\frac{7}{8}$.

4 —— 2

22. Multiplicir $\frac{5}{6}$ mit 24$\frac{5}{8}$. Facit 21$\frac{15}{48}$.

23. Multiplicir 6 mit 7$\frac{2}{3}$. Facit 46.

24. Multiplicir 8 mit 4$\frac{3}{4}$. Facit 38.

F ij

Auff

Auff zweyerley Manier.

25. Multiplicir $16\frac{2}{3}$ mit $14\frac{1}{4}$. Facit $245\frac{5}{8}$.

26. Multiplicir $54\frac{1}{8}$ mit $36\frac{5}{8}$. Facit $2002\frac{11}{12}$.

27. Multiplicir $491\frac{5}{1\frac{1}{2}}$ mit $860\frac{7}{10}$. Facit $422962\frac{13}{40}$.

28. Multiplicir $1763\frac{7}{16}$ mit $1384\frac{8}{17}$. Facit 2441538.

29. Multiplicir $8634\frac{141}{178}$ mit $56\frac{2}{3}$. Facit 491210.

30. Multiplicir $5750\frac{11}{38}$ mit $365\frac{5}{7\frac{1}{2}}$. Facit $8099166\frac{131}{1478}$.

---

31. Wie biel Groschen thun $\frac{2}{3}$ ℜ/ sprich $\frac{2}{3}$ mahl 30.

$$2 \text{——} 30$$
Als ———————— Facit 20 ℔.
$$3 \text{——} 1$$

32. Item $\frac{5}{8}$/ ℔ wie biel ₰? Facit 15 ₰.

33. Item/ $\frac{3}{4}$ ℜ wie biel ℔? Facit 22 ℔ 9 ₰.

34. Item/ $\frac{1}{8}$ Reichst. wie biel ℔? F. 56 gr 4½ ₰.

35. Item/ $\frac{1}{8}$ Last/ wie biel Scheffel? Facit 22 Scheffel 2 Viertel.

36. Item/ $1\frac{7}{9}$ Großhundert/ wie biel Ring. Richte die Großhundert ein/ kommen $\frac{16}{9}$/ die Multiplicir mit 12. Fac. 21 Ring 80 Stücke.

37. Item/ $2\frac{5}{9}$ Jahr/ wie biel Tage? Facit 932 Tage/ 18 Stunden/ 40 Minuten.

38. Item/

38. Item / $45\frac{5}{8}$ ℛ / wie viel Marck? Facit 68 Marck / 8 ß / $13\frac{1}{2}$ ₰.

39. Item / $3\frac{5}{9}$ Centner Bley / wie viel Stein? Facit 12 Stein / 18 ℔ / $21\frac{1}{3}$ Loth.

40. Ein Stück Landes ist lang $25\frac{1}{4}$ / breit $15\frac{1}{2}$ Rutten / wie groß ist es? Facit 1 Morgen $91\frac{3}{8}$ Rutten. Oder 391 Rutten / 84 Schuch / 54 Daumen.

---

41. Eine Ele Lacken kostet $6\frac{3}{4}$ ℛ / wie kommen $\frac{5}{8}$ Elen / sprich $\frac{5}{8}$ mahl $6\frac{3}{4}$? Facit 4 ℛ 6 ß $1\frac{11}{16}$ ₰.

42. Ein Factor hat gewonnen $854\frac{5}{8}$ ℛ / sol haben für seine Mühe $\frac{5}{12}$ vom Gewinn / wie viel wird er bekommen? Facit 356 ℛ / 2 ß $2\frac{7}{18}$ ₰.

43. Eine Last Rogge kostet $120\frac{3}{4}$ ℛ / wie kommen $25\frac{1}{2}$ Last? Facit 3079 ℛ / 3 ß $13\frac{1}{2}$ ₰.

44. Ein stück Leinwand hält $51\frac{3}{4}$ Elen / kostet die Ele $24\frac{1}{2}$ ℌ / wie viel ist das Stück wehrt? Facit 42 ℛ 7 ß $15\frac{3}{4}$ ₰.

45. Für 1 ℛ kan man haben $1\frac{2}{3}$ Untze Gold / wie viel kan man haben vor $45\frac{5}{8}$ Reichsthaler Facit 15 ℔ 2 Untz 1 Loth.

46. Ein Schotgewicht Silber kostet $24\frac{1}{2}$ ß / wie kommen $13\frac{1}{4}$ Marck? Mache die Marck zu Schotgewicht / kommen 318 / die multiplicir mit $24\frac{1}{2}$? Facit 259 ℛ 21 ℌ.

47. Ein Scheffel Rogge kostet $65\frac{1}{3}$ ₰ / wie kommen $15\frac{1}{4}$ Last? Facit 2058 ℔.

48. Ein ℔ Zinn kostet $24\frac{2}{3}$ ₰ / wie kommen $16\frac{5}{9}$ Cent. Facit 1640 ℔ 10 ₰.

49. Ein ℔ Wachs kostet $14\frac{1}{2}$ ₰ / wie kommen $10\frac{11}{12}$ Schiff ℔? Facit 1688 ℔ 13 ℔ 6 ₰.

50. Ein Mahler hat ein stück Schillerey/ist lang $14\frac{1}{2}$ / breit $6\frac{1}{4}$ Elen/ wil haben für die Ele $10\frac{1}{2}$ ℔ / wie viel wird er bekommen? Facit 951 ℔ 16 ₰ $2\frac{5}{8}$ ₰.

Brüche von und aus
Brüchen.

51. Wie viel ist $\frac{1}{2}$ von $\frac{2}{3}$ auß $\frac{5}{6}$. Setze die Brüche neben einander/ und vergiß nicht die Zehler gegen die Nenner zu kürtzen/ hernach multiplicir Zehler mit Zehler / und Nenner mit Nenner? Facit $\frac{5}{18}$.

52. Item/ wie viel ist $\frac{2}{3}$ aus $\frac{1}{4}$ von $\frac{5}{6}$. Facit $\frac{5}{12}$.

53. Item/ $\frac{1}{4}$ von $\frac{4}{3}$ aus $\frac{5}{6}$ von $12\frac{5}{8}$ ℔? Facit 6 ℔ 9 ₰ $1\frac{1}{8}$ ₰.

54. Wie viel ist $\frac{1}{2}$ von $\frac{3}{4}$ aus $\frac{4}{7}$ von $\frac{5}{8}$ aus einem Reichst.? Facit 7 ℔ 9 ₰.

55. Wie viel Füsse sind $\frac{1}{2}$ mahl $\frac{1}{2}$ anderthalb Kalb? Facit $1\frac{1}{2}$.

56. Ein

56. Ein Goldschmidt hat ein Stück Silber/ wieget $12\frac{3}{4}$ Marck / hält die Marck fein $14\frac{1}{4}$. Schotgewicht / verkaufft das Schotgewicht umb $23\frac{1}{2}$ ß / wie viel hat er gelöset. Setze die Zahlen neben einander / und richte dieselben ein/ hernach thue wie beym 51 Exempel: Facit 142 fl 9 ß $11\frac{13}{18}$ ₰.

57. Einer läst einen Graben graben/ lang $15\frac{1}{2}$/ breit $6\frac{1}{4}$/ tieff $4\frac{4}{5}$ Rutten/ und giebt für jegliche Rutten $4\frac{1}{2}$ fl/ was macht die Snmma? Facit 2092 fl 15 Wß.

58. Ein Speicher ist lang $44\frac{1}{2}$/ breit $30\frac{1}{4}$ Schuh/ allda lieget der Rogge $3\frac{1}{3}$ Schuhe dicke/ frage wie viel da ist/als man rechnet 1 Schuh in die Länge/ Breyte und Höhe auff $7\frac{1}{2}$ Matze? Facit 35 Last 3 Scheffel 1 Viertel $1\frac{1}{8}$ Matze.

59. Eine Stube sol beleget werden mit Quadrat Steinen / von 10 Zoll / welche lang ist $20\frac{1}{2}$/ breit $26\frac{3}{4}$ Schuh / frage wie viel Steine darzu gehören? Facit $789\frac{11}{50}$ Stein.

60. Eine Mauer ist lang $50\frac{1}{4}$/ breit $15\frac{5}{8}$/ hoch $6\frac{1}{8}$ Schuh / jeglicher Ziegel der in der Maur steckt/ ist lang $11\frac{5}{8}$/ breit $5\frac{7}{8}$/ dicke $2\frac{3}{4}$ Zoll/ frage wie viel Steine sind in der Mauer? Facit $44835\frac{12495}{18027}$ Stein.

Dividiren in gebroch-
nen Zahlen.

1. Einer kauffe für $\frac{1}{3}$ ℟ 1 Ele Line/ wie viel kan man haben für $\frac{1}{4}$ ℟. Setze die Zahle wo durch man Dividiren sol/ vorn/ und kürtze Zehler gegen Zehler/ und Nenner gegen Nenner/ hernach Multiplicir die Zehler mit den Nennern Creutzweise/ was kompt setze über oder unter die Zehler/ und Dividir die erste Zahl in die ander/ Als:

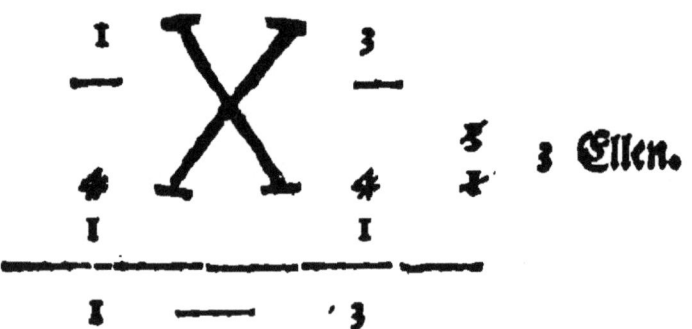

3 Ellen.

2. Dividir $\frac{7}{8}$ ℔ durch $\frac{5}{8}$? Facit $1\frac{2}{5}$.

3. Dividir $\frac{3}{10}$ durch $\frac{8}{10}$? Facit $\frac{3}{8}$.

4. Dividir $\frac{5}{12}$ durch $\frac{11}{13}$? Facit $\frac{65}{132}$.

5. Einer verkaufft $\frac{5}{8}$ ℔ für $3\frac{1}{8}$ ℟/ wie kompt 1 ℔. richte ein die $3\frac{1}{8}$ und Dividir durch $\frac{5}{8}$/ F. 5 ℟.

6. Dividir $\frac{9}{10}$ durch $4\frac{1}{10}$? Facit $\frac{9}{45}$.

7. Dividir $5\frac{1}{4}$ durch $3\frac{1}{4}$? Facit $1\frac{10}{13}$.

8. Dividir $3\frac{7}{9}$ durch $5\frac{4}{9}$? Facit $\frac{14}{49}$.

9. Divi-

9. Dividir $\frac{2}{3}$ durch $\frac{2}{7}$? Facit $\frac{1}{2}$.

10. Dividir $\frac{2}{5}$ durch $\frac{1}{2}$? Facit $\frac{8}{5}$.

11. Dividir $3\frac{5}{6}$ durch $\frac{2}{7}$? Facit $5\frac{3}{4}$.

12. Dividir $\frac{1}{12}$ durch $16\frac{2}{3}$? Facit $\frac{1}{18}$.

---

13. Dividir $6\frac{1}{4}$ durch $1\frac{4}{7}$? Facit $3\frac{1}{2}$.

14. Dividir $6\frac{2}{3}$ durch $4\frac{1}{3}$? Facit $1\frac{1}{7}$.

15. Dividir $5\frac{1}{8}$ durch $9\frac{1}{3}$? Facit $\frac{2}{18}$.

16. Dividir $3\frac{7}{5}$ durch $4\frac{5}{6}$? Facit $\frac{68}{17}$.

---

17. Dividir 6 durch $\frac{3}{4}$? Facit 8.

18. Dividir $\frac{1}{4}$ durch 9? Facit $\frac{1}{15}$.

19. Dividir 6 durch $6\frac{1}{4}$? Facit $\frac{8}{9}$.

20. Dividir $3\frac{1}{4}$ durch 6? Facit $\frac{5}{8}$.

---

21. Was für ein Theil vom Gülden thun 20 Groschen / Dividir die Groschen durch 30 weil man aber nicht kan / so mache ein Strich darzwischen/ und verkleinere den Bruch. Als: $\frac{20}{33}$. Facit $\frac{2}{3}$.

22. Item 15 ℔ wie viel ℔? Facit $\frac{1}{2}$ ℔.

23. Item 16 ℔ wie viel Marck? Facit $\frac{1}{4}$ Mr.

24. Item 24 ℔ wie viel Reichthaler? Facit $\frac{4}{17}$ Reichsthaler.

25. Item 96 ℔/ wie viel Centner? facit $\frac{4}{5}$ Cent.

F b   26. Item

26. Item $6\frac{1}{4}$ ₰ / wie viel gr. Richte die Pfennige ein / kommen $\frac{27}{4}$ / die Dividir durch 18? Facit $\frac{3}{8}$ gr.

27. Item $22\frac{1}{2}$ gr / wie viel fl? Facit $\frac{3}{4}$ fl.

28. Item $36\frac{1}{4}$ Scheffel / wie viel Last? Facit $\frac{29}{48}$ Last.

29. Item / $145\frac{5}{6}$ Marck wie viel Gulden? Facit 97 fl 6 gr 2 ß.

30. Item $166\frac{5}{8}$ Stein Wolle / wie viel Centner? Facit 47 Centner $25\frac{1}{4}$ Pfund.

---

31. Ein Pfund Pfeffer kostet 36 gr / wie viel kan man haben für 24 gr. Sprich wie offt ist 36 in 24 / weil man aber nicht kan Dividiren / so thue wie beym 21 Exempel? Facit $\frac{2}{3}$ Pfund.

32. Eine Last kostet 120 fl / wie viel kan man haben für 36 fl? Facit $\frac{3}{10}$ Last oder 18 Scheffel.

33. Einer kaufft $\frac{5}{8}$ Elle für $\frac{5}{6}$ fl / wie kompt 1 Elle / Facit 1 fl 10 gr.

34. Ein Scheffel Haber kostet $\frac{5}{8}$ fl / wie viel kan man haben für $\frac{3}{4}$ fl? Facit 1 Scheffel $3\frac{1}{5}$ Matzen.

35. Item / für $\frac{8}{9}$ fl kan man haben $\frac{3}{4}$ Schotgewicht / wie viel kan man haben für 1 fl? Facit 3 Quart $1\frac{1}{2}$ Pfenniggewicht.

36. Ei-

36. Einer hat 12 Last Rogge / kosten 1548$\frac{5}{8}$ Floren/ wie kompt die Last. Richte die Gülden ein/ und Dividir durch 12? Facit 129 Gulden/ 1 ℔/ 10$\frac{1}{8}$ ₰.

37. Eine Elle Lacken kostet 6$\frac{1}{2}$ ℔/ wie viel kan man haben für 34$\frac{2}{3}$ ℔? Facit 5$\frac{1}{3}$ Ellen.

38. Ein Stück Leinwand kostet 46$\frac{3}{4}$ ℔/ hält 40$\frac{1}{2}$ Elle/ wie kompt 1 Elle? Facit 1 ℔ 4 ℔ 11$\frac{1}{3}$ ₰.

39. Einer kaufft für 375$\frac{2}{3}$ ℔ $\frac{3}{16}$ part Schiffs/ wie kompt das gantze? Facit 2003 ℔ 16 ℔ 2 ß.

40. Einer kaufft $\frac{6}{7}$ Centner für 45$\frac{1}{8}$ ℔/ wie viel Ducaten kompt 1 Centner? Facit 53 ℔ 6 ℔ 2$\frac{5}{8}$ ß.

41. Zwene kauffen ein Hauß für 2208 ℔/legt der erste für sein Part 1472 ℔/. frage wie viel er Part im Hause hat. Dividir die 2208 in 1472/ und verkleinere den Bruch? Facit $\frac{2}{3}$ Part.

42. Zwene Kauffleute legen in Compagnie 5486 ℔/ A legt für sein Part 2057$\frac{1}{4}$ fl/ frage / wie viel ihm vom Gewinn gebühre? Facit $\frac{1}{4}$.

43. Ein

43. Ein Factor hat gewonnen 854⅛ ℞/ geben ihm für seine Mühe 356$\frac{1}{12}$ ℞/ frage was er für ein Theile des Gewinne bekommet? Facit $\frac{5}{12}$.

44. Einer ist schuldig 548¼ ℞/ hat darauff gezahlet 349 ℞/ frage was für ein Theil der vorgemeldten Schuld noch zahlen sol? Facit $\frac{1}{7}$.

45. Zwene Kauffleute haben in Compagnie 136 Last/ darinne A für sein Part hat 123¼ Last/ frage/ was B für ein Part hat? Facit $\frac{51}{52}$ Part.

46. Einer verdienet in 4 Monaht 12 Tage 186¼ ℞/ was kompt den Tag. Mache die Monaht zu Tage/ kommen 132/ die Dividir in 186¼ ℞/ facit 1 ℞ 12 Groschen 1$\frac{29}{17}$ ß.

47. Einer hat 12 Last 15¼ Scheffel/ kosten 1440⅛ ℞/ wie kompt der Scheffel? Facit 1 ℞ 28 ß 13$\frac{17}{105}$ Pf.

48. Item/ 15¼ Last Hering kosten 2843$\frac{1}{7}$ ℞/ wie kompt die Last auch Tonne? facit 180 ℞ 16 ßℓ die Last/ und 15 ℞ 1 Groschen 1 ß die Tonne.

49. Item

49. Item/ 12⅛ Last Weitzen kosten 2744¼ ℔/ wie kompt die Last auch Scheffel? facit 217 ℔ 12 ℔ 3$\frac{21}{101}$ Pfen. die Last/ und 3 ℔ 18 ℔ 2$\frac{11}{101}$ ß der Scheffel.

50. Item/ 15$\frac{1}{10}$ Liß℔ kosten 19⅞ fl/ wie kompt 1 Liß℔ und 1 Pfund? facit 1 fl/ 11 ℔ 1$\frac{7}{32}$ ß.

---

51. Ein Pfund Rosinen kostet 4½ ℔. wie viel kan man haben für 10½ fl. Mache die Gülden zu Groschen/ und besiehe wie offt 4½ ℔ darin ist? facit 70 ℔.

52. Ein Ele Leinwand kostet 23 ℔ 1 ß/ wie viel bekompt man für 222¼ ℔? facit 285¼ Elen.

53. Einer kaufft einen Silbern Becher für 120$\frac{5}{8}$ Marck/ und giebt für 1 Schotgewicht 28 ℔ 2 ß/ wie schwer ist der Becher gewesen? facit 3 Marck 12 Schotgewicht 1$\frac{9}{43}$ Quart.

54. Ein ℔ Zinn kostet 24 Groschen 1 Scot/ wie viel kan man haben für 546¼ ℔? facit 5 Centner 60$\frac{75}{149}$ Pfundt.

55. Einer wil anlegen 135⅞ Ducaten an Roggen/ kostet der Scheffel 65 ℔ 9 Pfennige/ wie viel wird er bekommen? Facit 6 Last 13 Scheffel 1$\frac{77}{131}$ Viertel.

56. Eine

56. Eine Last Saltz kostet 95 $\frac{1}{2}$ fl / wie kommen 8 $\frac{1}{2}$ Tonnen. Rechne erstlich was 1 Tonne kompt / dasselbe Multiplicir mit 8 $\frac{1}{2}$? Facit 45 fl 2 gr 16 $\frac{1}{2}$ Pfennig.

57. Ein Schiff lb Wachs kostet 192 fl / wie kommen 46 $\frac{5}{8}$ lb? Facit 27 fl 29 ß 4 $\frac{1}{2}$ ₰.

58. Eine Last Flachs kostet 264 $\frac{1}{2}$ fl / wie kommen 12 $\frac{3}{4}$ Stein? Facit 56 fl 6 gr 3 $\frac{3}{8}$ ₰.

59. Ein Centner kostet 65 $\frac{5}{8}$ fl / wie kommen 36 $\frac{7}{12}$ lb? Facit 20 fl 0 gr 3 $\frac{33}{64}$ ₰.

60. Einer kaufft ein Stück Landes für 787 $\frac{1}{2}$ fl ist bereit 3 $\frac{3}{4}$ Rutten / frage wie lang ists / als die Rutte 10 $\frac{1}{2}$ fl kostet? Facit 20 Rutten.

Addiren in Brüchen mit kleinen Sorten.

1. Wie viel Schillinge thun $\frac{3}{4}$ gr und 1 $\frac{1}{2}$ ß Mache die Groschen zu ß. Addir 1 $\frac{1}{2}$ darzu? Facit 3 $\frac{3}{4}$ ß.

2. Addire $\frac{5}{8}$ gr und 4 $\frac{1}{2}$ ₰ das Pfennige kommen? Facit 15 $\frac{3}{4}$ ₰.

3. Addir $\frac{1}{8}$ Last und 6 $\frac{3}{4}$ Scheffel / das Scheffel kommen? Facit 14 Scheffel 1 Viertel.

4. Addir $\frac{5}{8}$ fl und 7 $\frac{1}{2}$ gr / das Groschen kommen? Facit 26 gr 4 $\frac{1}{2}$.

5. Addir

5. Addir $14\frac{1}{4}$ ℔ zu $\frac{11}{12}$ Schiffpfund / das Liß ℔ kommen? Facit 19 Liß℔ 3 $\frac{7}{12}$ ℔.

6. Addir $5\frac{5}{9}$ Marck und 16 gr 13 $\frac{1}{2}$ ₰/ das Gülden kommen. Mache die Marck zu Groschen/ Addir 16 Groschen 13 $\frac{1}{2}$ ₰ darzu/ und mache sie zu Gülden? Facit 4 fl 7 ß 15 $\frac{1}{2}$ ₰.

7. Addire $\frac{1}{4}$ Ducat und $1\frac{3}{4}$ fl 14 gr 12 $\frac{1}{4}$ ₰ das Gülden kommen? Facit 3 fl 22 ß 3 $\frac{1}{4}$ ₰.

8. Addire 540 Mr. 13 ß 6 ₰ zu $369\frac{3}{4}$ fl 10 ß 3 ₰/ das Mr. kommen? Fac. 1095 Mr. 16 ß.

9. Addire 400 fl 18 ß 2 $\frac{1}{4}$ ß zu $126\frac{5}{8}$ Mr. 11 gr $10\frac{1}{4}$ ₰/ das Gülden kommen? Facit 485 fl 12 Groschen $14\frac{3}{4}$ ₰.

10. Addir 45 Portugaleser (a 10 Ungerische Gülden) noch 25 Goldgülden (a 3 $\frac{1}{2}$ fl) 15 Gr. 6 $\frac{1}{4}$ ₰ / Item 12 Pistoletten (a $10\frac{1}{2}$ fl) 16 Groschen 15 $\frac{2}{3}$ ₰ / und 10 Milresen (a 11 fl 14 Gr.) 12 Groschen $1\frac{1}{4}$ fl/ das Reichsthaler kommen? Facit 1009 Reichsthaler 2 fl 19 Groschen 11 $\frac{5}{12}$ ₰.

Subtrahiren in Brüchen mit kleinen Sorten.

1. Wie viel Schillinge bleiben noch/ wenn man nimbt $\frac{1}{4}$ gr von $3\frac{3}{4}$ ß. Mache die Gr. zu ß. und Subtrahir sie von $3\frac{3}{4}$? Rest $1\frac{1}{2}$.

2. Sub-

2. Subtrahir 11 $\frac{1}{4}$ ₰ von $\frac{7}{8}$ ℳ daß der Reſt ſey Pfennige? Reſt 4½ Pfennig.

3. Subtrahir 2½ Viertel von $\frac{1}{8}$ Laſt/ daß der Reſt ſey Scheffel/ Reſt 21 Scheffel 3½ Viertel.

4. Subtrahir 4$\frac{1}{4}$ Gr. von $\frac{11}{12}$ fl/ daß der Reſt ſey Groſchen? Reſt 22 ℳ 13½ ₰.

5. Subtrahir 1$\frac{1}{4}$ Gran von $\frac{4}{5}$ Marck/ daß der Reſt ſey Carat? Reſt 12 Carat 3 Gran 1$\frac{1}{4}$ Gren.

6. Subtrahir 19 Gr. 4½ ₰ von 13 $\frac{7}{8}$ Marck/ daß der Reſt ſey Gülden. Mache die Marck zu Gülden/ davon Subtrahir 19 Gr. 4½ ₰? Reſt 8 fl 18 Gr. 4½ ₰.

7. Subtrahir 24 Gr. 6$\frac{1}{4}$ ₰ von 6$\frac{1}{4}$ Ducaten 11 Gr. 13½ ₰. daß der Reſt ſey Gülden? Reſt. 37 fl 3 Groſchen 7$\frac{1}{4}$ Pfenning.

8. Subtrahir 137 fl 18 Gr. 11$\frac{1}{4}$ ₰ von 1200 Marck 3 Gr. 4$\frac{1}{4}$ ₰ daß der Reſt ſey Marck? Reſt 993 Marck 14 Gr. 10½ ₰.

9. Subtrahir 149 Marck 18 Gr. 15$\frac{1}{4}$ ₰ von 156 fl 22 Gr. 9 ₰/ daß der Reſt ſey Gülden? 56 fl 23 Gr. 11$\frac{1}{4}$ ₰.

10. Subtrahir 36 Ducaten 4 ₰ 25 ℳ 6$\frac{1}{4}$ ₰ von 25 Portugaleſer (à 10 Ducaten) 1 fl 24 ℳ 6 ₰/ daß der Reſt ſey Marck.

Multi-

Multipliciren in Brüchen mit kleinen Sorten.

1. Ein Cent. Allaun kostet 15 fl 18 gr $6\frac{3}{4}$ ₰/ wie kommen 6 Cent. Allhie thue wie beym Multipliciren in gebrochnen Zahlen und im ersten Büchlein beym Multipliciren mit kleinen Sorten ist gelehret worden. Facit 93 fl 20 Groschen $4\frac{1}{2}$ Pfennige.

2. Ein Schiffpfund Wachs kostet 214 fl 24 gr $16\frac{5}{8}$ Pfennige/ wie kommen 9 Schiffpfund? Facit 1933 fl 14 Groschen $5\frac{1}{8}$ Pfennige.

3. Eine Last kostet 136 fl 26 gr $4\frac{1}{2}$ ₰/ wie kommen 12 Last? Facit 1642 fl 15 gr.

4. Ein stück Gewand kostet 345 fl 27 Groschen $15\frac{1}{4}$ Pfennige/ wie kommen 36 Stück? Facit 12453 fl 12 Groschen 9 Pfennige.

5. Ein Goldschmidt hat ein Stück Silber/ wieget 112 Marck/ kostet die Marck 23 fl 28 Groschen $15\frac{3}{4}$ Pfennige/ wie viel ist das Stück werth? Facit 2683 fl 24 Groschen.

6. Eine Elle Sammet kostet 6 fl 17 Groschen 1 ß/ wie kompt $\frac{1}{2}$/ $\frac{1}{3}$/ $\frac{1}{4}$/ $\frac{1}{5}$/ $\frac{1}{6}$/ $\frac{1}{8}$ Ellen/ und was macht die Summa? Theile die 6 fl 17 gr 1 ß in 2 Theil/ kompt für ein $\frac{1}{2}$/ in 3 Theil für $\frac{1}{3}$/ in 4 Theil für $\frac{1}{4}$ Elle/ und so fortan/

dasselbe Addire zusammen. Facit 10 ℛ 10 Groschen $2\frac{2}{7}$ Schillinge.

7. Ein Pfund Indigo kostet 9 ℛ 26 Groschen 2 ß/ wie kompt $\frac{2}{3}$ Pfund? Facit 6 ℛ 17 Groschen 14 Pfennige.

8. Ein Cent. kostet 145 ℛ 27 Groschen 6 ₰/ wie kommen $\frac{3}{4}$ Cent. Facit 109 ℛ 13 Gr.

9. Eine Last Weitzen kostet 225 ℛ 12 Groschen 9 Pfennige wie kommen $\frac{7}{8}$ Last. Facit 197 ℛ 7 Groschen $3\frac{3}{8}$ Pfennige.

10. Ein Factor hat gewonnen 965 ℛ 22 Gr. $12\frac{1}{2}$ ₰/ sol haben für seine Mühe $\frac{2}{9}$ vom Gewinn/ wie viel trifft dem Kauffman? Facit 751 ℛ 4 ßl $5\frac{11}{12}$ ₰.

---

11. Eine Elle Laken kostet 5 ℛ 22 Groschen 9 ₰ wie theuer $12\frac{1}{2}$ Ellen/ rechne erstlich wie 12 Ellen/ hernach was $\frac{1}{2}$ Elle kompt/ und Addire zusammen? Facit 71 ℛ 26 Gr. $4\frac{1}{2}$ ₰.

12. Eine Last Rogge kostet 115 ℛ 20 Groschen 12 Pfennige/ wie kommen $36\frac{3}{4}$ Last? Facit 4251 ℛ 17. ßl.

13. Ein Cent. kostet 124 ℛ 18 Groschen $6\frac{1}{4}$ ₰/ wie theuer $57\frac{5}{6}$ Cent.? Facit 7206 ℛ 21 Groschen $1\frac{11}{24}$ ₰.

14. Eine Elle Leinwand kostet 24 Groschen 15 ₰/ wie kommen $83\frac{5}{8}$ Ellen? Facit 69 ℛ 6 Groschen $12\frac{3}{8}$ ₰.

15. Ein

15. Ein ℔ kostet 29 Mg 13½ ₰ / wie theuer $136\frac{11}{12}$ ℔? Facit 135 ℛ 23 Gr. 4⅞ ₰.

16. Ein Scheffel Rogge kostet 65 Mg 2 ß. wie kommen 8 Last 24 Scheffel 2 Viertel. Mache die Last zu Scheffel / kommen 504½ / die multiplicir mit 65⅔ Gr.? Facit 1104 ℛ 8 Groschen 15 ₰.

17. Ein Schotgewicht Silber kostet 23 Groschen 1½ ß / wie kommen 3 Marck 12½ Schotgewicht? Facit 66 ℛ 11 gl 11¼ ₰.

18. Ein ℔ Wax kostet 24 gl 2½ ß / wie theuer 4 Schiff ℔ 6 Liß℔ 12¼ ℔? Facit 1149 ℛ 4 Mg 15¾ ₰.

19. Ein Stück Klapholtz kostet 29 gl 6¼ ₰ / wie theuer 1 groß Hundert 7 Ring 1 klein Hundert 84 Stück? Facit 4660 ℛ 10 gl 3 ₰.

20. Ein ℔ Wolle kostet 28 Gr. 15 ₰ / wie kommen 3½ Cent. 2 Stein / 20⅝ ℔? Facit 488 ℛ 25 Gr. 6⅛ ₰.

---

21. Ein Marck Silber kostet 23 ℛ 24 Gr. / wie kommen 17½ Schotgewicht. Rechne erstlich was 12 / das ist ½ Marck. Item 4 ist ⅓ auß 12. und dann für 1 / letzlich was ½ Schotgewicht kompt / dasselbe Addire zusammen? Facit 17 ℛ 10 Gr. 11¼ ₰.

22. Ein Cent. kostet 45 ℛ 26 Gr. 2 ß / wie kommen 37¾ ℔? Facit 14 ℛ 13 Gr. 1⅛ ₰.

23. Ein Last kostet 125 ℔ 26 Gr. 12 Pfennige/ wie kommen 36 Scheffel 3½ Viertel? Facit 77 ℔ 11 Gr. 1⅛ Pfennige.

24. Ein Schiff ℔ Eysen kostet 26 ℔ 25 Gr. 6 Pfennig/ wie kommen 16 Liß℔ 11½ ℔. Facit 22 ℔ 13 Gr. 3¼ Pfennig.

25. Ein Stein Littauisch Flax kostet ⅝ Ducaten/ wie viel Reichst. werden belauffen 10 Schiff ℔ 3 Stein 12¼ ℔. Facit 171 Rthlr. 7 Gr. 4$\frac{25}{32}$ Pfenning.

26. Eine Last Rogge kostet 127 ℔ 24 Gr. wie theuer 15 Last 36 Scheffel 3½ Viertel. Rechne erstlich was 15 Last/ hernach wie 36 Scheffel 3½ Viertel kommen/ dasselbe Addire zusammen; Facit 1995 ℔ 16 ℔ 5⅝ ₰.

27. Ein Cent. kostet 45 ℔ 26 ℔ 6 ₰/ wie kommen 85 Cent. 36¼ ℔. Facit 3913 ℔ 14 ℔ 1$\frac{13}{16}$ Pfenning.

28. Ein Schiff ℔ Wachs kostet 213 ℔ 18 Gr. 2 ß/ wie kommen 118 Schiff ℔ 16 Liß℔ 11½ ℔? Facit 25385 ℔ 29 Gr. 16$\frac{11}{32}$ ₰.

29. Eine Last Weitzen kostet 231 ℔ 17 ℔ 6¼ ₰/ wie theuer 124 Last 39 Scheffel 3 Viertel? Facit 28869 ℔ 3 ℔ 12$\frac{17}{320}$ ₰.

30. Eine Last Haber kostet 112 ℔ 18 ℔ 15¼ ₰/ wie kommen 208 Last 24 Scheffel 3½ Viertel? Facit 23473 ℔ 16 ℔ 14$\frac{547}{740}$ ₰.

Divi-

Dividiren in Brüchen mit kleinen Sorten.

1. Einer kaufft 15 Last Rogge/ kosten 1807 ℞ 27 Groschen 6¼ Pfenning/ wie kompt die Last? Allhie thue wie im ersten Büchlein beym Dividiren mit kleinen Sorten/ und zu letzt bey den Pfennigen/ wie im Dividiren in gebrochnen Zahlen ist gelehret worden. Facit 120 ℞ 15 Groschen 14$\frac{17}{20}$ Pfenning.

2. Ein Müntzmeister hat 24 Marck Silbers/ kosten 9110 ℞ 25 Groschen 15¼ Pfennige/ wie kompt ein Marck? Facit 379 ℞ 18 Groschen 10$\frac{11}{33}$ Pfenning.

3. Ein Stück Tuch hält 42 Elen/ kostet 337 ℞ 6 Groschen 4½ Pfenning/ wie kompt 1 Ele? Facit 8 ℞ 0 Gr. 15$\frac{11}{28}$ Pfennig.

4. Ein Stück Leinwand hält 55 Elen/ kostet 45 ℞ 25 Groschen 16¼ Pfenning/ wie kompt 1 Ele? Facit 25 Groschen 0$\frac{11}{44}$ Pfenning.

5. Ein Faß Pflaumen kostet 82 ℞ 4 Groschen 10½ Pfenning/ wieget 1300 ℔/ wie kompt 1 ℔? Facit 5 ₰ 4⅛ Pfenning.

6. Was Theil eines Gülden thun 18 Groschen 13½ Pfenning. Mach die 13½ Pfenning zu Groschen/ kommen ¼/ die Addir zu 18/ und mache sie zu Gulden. Facit ⅝ ℞.

G ij   7. Item

7. Item/ 33 Scheffel $5\frac{1}{3}$ Matzen/ wie viel Last? Facit $\frac{5}{9}$ Last.

8. Item/ 11 Lisflb $10\frac{2}{3}$ lb / wie viel Schiff lb? Facit $\frac{7}{12}$ Schiff lb.

9. Item/ 2 Stein $25\frac{1}{3}$ lb Flax / wie viel Centner? Facit $\frac{7}{9}$ Cent.

10. Item/ 2 fl 11 ßl $15\frac{3}{4}$ ₰/ wie viel Ducaten? Facit $\frac{115}{288}$ Ducaten.

---

11. Einer kaufft $\frac{2}{3}$ Cent. für 109 fl 13 Gr. wie theur 1 Cent. thue wie beym Dividiren in gebrochnen Zahlen/ und Multiplicir Creutzweise? Facit 164 fl 4 Gr. 9 ₰.

12. Item/ $\frac{3}{4}$ lb Indigo kostet 6 fl 17 Gr. 2 ß/ wie kompt 1 lb? Facit 8 fl 23 Gr. 10 ₰.

13. Item $\frac{5}{8}$ Ellen kosten 29 Gr. $14\frac{1}{4}$ ₰/ wie kompt 1 Elle? Facit 1 fl 17 Gr. 2 ß.

14. Item/ $\frac{7}{9}$ lb Saffran kostet 15 fl 26 gl $15\frac{1}{4}$ ₰ wie theuer 1 lb? Facit 20 fl 13 Gr. $2\frac{1}{4}$ ₰.

15. Item/ $\frac{9}{10}$ Last Weitzen kosten 195 fl 27 Gr. $16\frac{5}{8}$ ₰/ wie kompt 1 Last? Facit 217 fl 21 Gr. $0\frac{17}{36}$ ₰.

16. Einer kaufft $6\frac{3}{4}$ Last Weitzen für 1318 fl 24 ßl 6 ₰/ wie kompt 1 Last? Richte ein die Last/ und theile das Geld damit wie vor gelehret? Facit 195 fl 11 Groschen $6\frac{2}{3}$ Pfenning.

17. Item $10\frac{5}{8}$ Centner kosten 1645 fl 26 gl 2 ß/ wie kompt 1 Centner? Facit 151 fl 27 Groschen $15\frac{1}{17}$ ₰.

18. Item 15$\frac{7}{8}$ Cent. kosten 10795 fl 3 Gr.
1$\frac{1}{12}$ ß/ wie kompt ein Cent.? Facit 680 fl 4 ₰

19. Item 83$\frac{1}{3}$ Elen kosten 69 fl 6 Gr. 12$\frac{1}{8}$ ₰.
wie kompt 1 Ele? Facit 24 Gr. 1 Scot.

20. Einer kaufft ein Stück Schnur bor 6 fl 12
Groschen 2$\frac{1}{2}$ ß / hält 196$\frac{1}{4}$ Ele wie kompt 1
Ele? Facit 2 ß 5$\frac{87}{131}$ Pfenning.

---

21. Einer hat gewonnen in 6 Monat 15 Tage
41 fl 13 Groschen 2$\frac{1}{4}$ ₰/ was kompt den Tag.
Mache die Monat zu Tage/ und dibidir sie
ins Geld? Facit 6 Groschen 6$\frac{3}{4}$ Pfenning.

22. Item/ 8 Last 45$\frac{1}{2}$ Scheffel kosten 1147 fl
10 Groschen 4$\frac{1}{2}$ Pfenning/ wie kompt der
Scheffel? Facit 65 Groschen 9 Pfenning.

23. Item 3 Marck 12$\frac{1}{4}$ Schotgewicht kosten 65
fl 27 Groschen 12$\frac{1}{4}$ Pfenning/ wie theuer 1
Schotgewicht? Facit 23 Groschen 6$\frac{1}{11}$ ₰.

24. Item 1 Großhundert 7 Ring 1 Kleinhun-
dert 84 Stück kosten 1246 fl 27 Gr. 15$\frac{1}{4}$ ₰.
wie kompt das Stück? Fac. 7 Gr. 15$\frac{6468}{19036}$ ₰.

25. Item/ 3 Cent. 2 St. 15$\frac{1}{2}$ lb Zinn kosten
380 fl 24 Groschen 6$\frac{1}{4}$ Pfenning/ wie kompt
1 lb? Facit 25 Groschen 13$\frac{1191}{1774}$ Pfenning.

26. Einer kaufft 8 Last 22 Scheffel 2 Viertel
für 944 fl 26 Groschen 10$\frac{1}{2}$ ₰ / wie kompt

G ij   1. Last

1 Laſt. Mache die 22½ Scheffel zu Laſt/ und thue wie beym 16 Exempel? Facit 112 ℞ 24 Groſchen 12 Pfenning.

27. Ein Goldſchmidt hat ein Stück Silber/ wieget 16 Marck 13 Loth 1½ quart/ koſtet 336 ℞ 28 ℈ 11¼ Pfenning/ wie kompt 1 Marck? Facit 20 ℞ 0 ℈ 9$\frac{4}{10\frac{1}{2}}$ Pfenning.

28. Einer hat 24 Schiff ℔ 18 Lißpfund 5⅓ ℔ koſten 2898 ℞ 24 ℈ 13¼ ₰/ wie kompt 1 Schiff ℔? Facit 116 fl 10 ℈ 4$\frac{11}{133}$ Pfenning.

29. Einer verkaufft 12 Großh. 10 Ring 1 Klein-hundert 40 Stück/ koſten 14400 fl 29 Gr. 14⅛ Pfenning/ wie kompt ein Großhundert? Facit 1117 fl 9 Gr. 9$\frac{222}{311}$ Pfenning.

30. Einer kaufft 25 Cent. 2 Stein 21¼ ℔ Reiß/ für 45 Ducaten 26 ℈ 11¼ ₰/ wie kompt der Stein? Facit 2 fl 3 Gr 9$\frac{2617}{4054}$ Pfenning.

Regula De Tri gebroch-
ner Zahlen.

1. Ein ℔ Flamiſch thut zu Dantzig 216 Gr. wie viel werden belauffen 145¼ ℔. Allhie thue wie im erſten Büchlein bey der Regel De Tri
gantzen

ganzen Zahlen ist gelehret worden/ nur alleine daß man die Brüche einrichtet/ den mittelsten und hintersten Bruch vorn/ und den vordersten hinden setzet/ und mit denselben allda Multipl. so man sie nicht kürtzet oder verkleinert. Als/

1 — — 216 — — $145\frac{3}{4}$

4 — — 54

1 — — 583

Facit 1049 fl 12 Kr.

2. Einer kaufft $6\frac{3}{4}$ lb Saffran/ und gibt für 1 Loth $1\frac{1}{4}$ fl/ wie viel werden sie belauffen? Facit 270 fl.

3. Ein lb Pfeffer kostet $\frac{7}{8}$ fl/ wie kommen $5\frac{5}{9}$ st. Facit 116 fl 20 Kr.

4. Einer hat ein Stück Silber/ wieget $36\frac{4}{7}$ Mr. gibt das Schot für $26\frac{1}{2}$ Gr/ wie viel ist das Stück werth? Facit 780 fl 4 Gr $14\frac{2}{7}$ R.

5. Wie kommen $\frac{5}{8}$ Last/ wenn der Scheffel $110\frac{1}{2}$ Gr. kostet? Facit 138 fl 3 Gr. $13\frac{1}{2}$ R.

6. Ein Faß Pflaumen wieget 1300 Pfund/ wie kompt 1 Pfund/ als das Faß kostet $79\frac{4}{9}$ fl. Facit $5\frac{1}{2}$ ß.

7. Ein lb Flamisch thut 217 Gr. wie viel Holländische Müntz werden belauffen $548\frac{5}{8}$ Rthlr. Facit 227 Pf. 10 ß. 4 Stüyv. $6\frac{22}{31}$ Döyt.

8. Eine Elle Lacken kostet $5\frac{1}{2}$ ℔/ wie viel kan man haben für 45 Reichst. 3 Ort? Facit 25 Ellen $3\frac{1}{2}$ Quartier.

9. Eine Last kostet 133 ℔ 1 Ort/ wie viel hat man für 2348 ℔ $3\frac{1}{2}$ Ort. Facit 17 Last 37 Scheffel $2\frac{110}{737}$ Viertel.

10. Wie viel werden belauffen $12\frac{1}{8}$ Last in Ducaten. Als der Scheffel kostet $95\frac{1}{2}$ Gr. Facit.

---

11. Eine Elle Lacken kostet 5 ℔ 26 Gr. 12 Pfennig/ wie viel werden belauffen $6\frac{1}{4}$ Ellen? Facit 39 ℔ 22 Gr. 9 Pfennig.

$$1 - 5. \; 26. \; 12. - 6\frac{1}{4}$$

$$4 - 1. \; 14. \; 3$$

$$27$$

12. Eine Last Rogge gilt 131 ℔ 23 ₰ $6\frac{1}{4}$ H/ wie komen $12\frac{1}{8}$ Last? Facit 1663 ℔ 21 Gr. $6\frac{11}{17}$ H.

13. Ein ℔ Indigo kostet 8 ℔ 24 Gr. wie komen 50 ℔ $26\frac{1}{2}$ Loth? Facit 447 ℔ 8 Gr. 1 $1\frac{1}{4}$ H.

14. Einer kaufft 10 Schiff ℔ 7 Liß℔ $12\frac{1}{7}$ ℔/ kostet das Schiff ℔ 27 ℔ $13\frac{1}{2}$ Groschen wie viel machts? Facit 285 ℔ 4 Gr. 17 $\frac{111}{120}$ Pfennig.

15. Eine Last Weitzen kostet 230 ℔ 24 Gr. $6\frac{1}{4}$ Pfennig/ wie kommen 12 Last 24 Scheffel $2\frac{1}{8}$ Viertel? Facit 2864 ℔ 14 Gr. 0 $\frac{1181}{1710}$ H.

16. Ein

16. Ein Stück Gewandt hält 42½ Elle / kostet 504 fl 12 Groschen 6½ ₰/ wie kompt die Elle? Facit 11 fl 26 Groschen 1 $\frac{1}{170}$ Pfen.

17. Item 4 Schiff ℔ 12 ¼ ℔ Wax kosten 812 fl 12 ₰ 15¼ ₰/wie theuer 1 ℔? Facit 18 ℔ 15 $\frac{2554}{5100}$ Pfenning.

18. Item 15 Cent. 3½ Stein Wolle kostet 645 fl 24 ₰ 6¼ ₰/ wie kompt 1 Stein? Facit 11 fl 13 ₰ 4 $\frac{3021}{3878}$ Pfenning.

19. Item 4 Last 22 Scheffel 3½ Viertel/ kosten 263 fl 11 ₰. 4½ Pfen./ wie theuer 1 Last? Facit 60 fl 3 Gr. 1 $\frac{190}{701}$ ₰.

20. Einer wil anlegen 246 Reichst. 18 ₰ 13½ ₰/ und dafür Hering kauffen/ kostet die Tonne 11 fl 26 Gr. 4½ ₰/ wie viel wird er bekommen (die Tonne von 15 Schock? Facit 5 Last 2 Tonnen 3 Schock.

---

21. Einer kaufft $\frac{8}{9}$ ℔/und gibt für $\frac{4}{7}$ ℔ $\frac{1}{5}$ fl wie viel werden sie belauffen? Facit $\frac{10}{18}$ fl.

$$\frac{8}{9} \div \frac{4}{7} - \frac{1}{5}$$
$$8 - 4 - 5$$

22. Wie kommen $\frac{8}{9}$ ℔ wenn $\frac{4}{7}$ ℔ kosten $\frac{10}{18}$ fl Facit $\frac{4}{7}$ fl.

23. Wie viel kan man haben für $\frac{10}{18}$ fl. Als $\frac{8}{9}$ ℔ kosten $\frac{4}{7}$ fl? Facit $\frac{1}{5}$ ℔.

24. Wenn

24. Wenn $\frac{5}{8}$ ℔ kosten $\frac{9}{16}$ fl/ wie viel kan man haben für $\frac{4}{5}$ fl? Facit $\frac{8}{9}$ ℔.

25. Eine Tonne Epffel kostet $8\frac{4}{7}$ Mr. hält 320 Stück/ wie viel kan man haben für $2\frac{15}{28}$ fl. Facit 142 Stück.

26. Ein Käsehecker kaufft $1460\frac{1}{4}$ ℔ Käse/ und gibt für 100 ℔ 18 fl 3 Ort/ wie viel machts? Facit 273 fl 26 ß $2\frac{5}{32}$ ₰.

27. Einer kaufft für 8 fl $1\frac{1}{2}$ Ort Speck/ rechnet daß ihm $2\frac{1}{2}$ ℔/ kosten $6\frac{1}{4}$ ß/ wie viel hat er gekaufft? Facit $100\frac{1}{2}$ Pfund.

28. Einer hat für $654\frac{7}{8}$ fl/ Wahre/ verkaufft sie und gewinnet mit 100. 8 fl 1 Ort/ wie viel hat er in alles gewonnen? Facit 54 fl 0 ß $2\frac{141}{320}$ ₰.

29. Einer hat für 608 ℛ 28 ß Wahre/ verkaufft sie und verlieret von 100 fl $3\frac{1}{2}$ Ort/ frage wie viel er gelöset? Facit 603 fl 18 ß $2\frac{79}{100}$ ₰.

30. Ein Interessirer gibt 586 fl $2\frac{1}{2}$ Ort auff Intereß/ sol haben von 100 ℛ des Jahres 6 ℛ 1 Ort/ wie viel Capital und Intereß wird er zu ende des Jahres empfangen? Facit 626 fl 6 gl $1\frac{319}{320}$ ₰.

31. Einer kaufft 4 stück Leinwand/ halten 256 Ellen/ und gibt für 48 Ellen 28 ℛ 15 gl $15\frac{3}{8}$ ₰/ wie viel machts? Facit 152 ℛ 4 gl 2 ₰.

3
8. 48—28. 15. 15—256
4
6—9. $5\frac{1}{4}$ 32
3 16
1

32. Item/ $16\frac{1}{2}$ Last kosten 1998 ℳ 24 ß $15\frac{5}{3}$. Pfennige wie kosten $24\frac{3}{4}$ Last? Facit 2998 ℳ 7 ß $5\frac{7}{13}$ ₰.

33. Item/ 5 Pfund 16 Loth 1 Quart Gallaunen kosten $26\frac{7}{8}$ ℳ/ wie kommen 14 Loth $2\frac{5}{8}$ Quart? Facit 2 ℳ 6 ß $2\frac{265}{378}$ ₰.

34. Item $13\frac{1}{2}$ Pfund kosten 25 ℳ 6 ß $2\frac{3}{4}$ ₰/ wie viel kan man haben für 4 ß $6\frac{3}{4}$ ₰? Facit 2 Loth 1 Quart $3\frac{969}{1009}$ ₰ Gewicht.

35. Item/ $45\frac{5}{8}$ Pfund kosten 136 ℳ 25 ß $6\frac{3}{4}$. Pfennig wie kommen 12 Untzen $1\frac{1}{2}$ Loth? Facit 3 ℳ 5 ß $3\frac{537}{8800}$ ₰.

36. Item 25 Cent. 1 St. $15\frac{1}{4}$ Pfund Talch kosten $1348\frac{3}{4}$ ℳ 12 ß wie kommen $1\frac{5}{8}$ Stein? Facit 41 Marck 7 ß $4\frac{6446}{13159}$ Pfennig.

37. Für $7\frac{3}{8}$ ℳ 6 ß 1 ₰ kan man haben 1 Pf. 10 Untz 1 Loth 2 quart/ wie viel kan man haben für $1\frac{5}{8}$ ℳ $9\frac{1}{2}$ ß? Facit 11 Loth $2\frac{1592}{2731}$ quart.

38. Item/

38. Item / $3\frac{1}{2}$ Last 15 Scheffel $1\frac{1}{2}$ Viertel kosten $375\frac{1}{8}$ fl 15 gr 9 pf / wie kommen $15\frac{5}{8}$ Last 45 Scheffel $2\frac{1}{2}$ Viertel? Facit 1639 fl 21 Groschen $2\frac{785}{1102}$ Pfennig.

39. Einer wil anlegen $145\frac{1}{2}$ Dublun $1\frac{1}{4}$ Reichst. 2 fl $1\frac{1}{2}$ Ort an Klapholtz / kostet $1\frac{7}{9}$ Großh. 4 Ring $1\frac{1}{2}$ Kleinh. 84 stück $4780\frac{5}{8}$ fl $3\frac{1}{2}$ Ort 10 gr / wie viel wird er bekommen? Facit 9 Ring 1 Kleinh.

40. Einer kaufft $15\frac{5}{7}$ Schiff-Pfund und $\frac{1}{3}$ von $\frac{1}{4}$ aus $6\frac{5}{8}$ Liß-Pfund weniger $6\frac{1}{4}$ Pfund / für $975\frac{5}{8}$ fl / und 4 mahl ein halbe zweyte theil eines halben dritten theils von $10\frac{5}{8}$ Reichsthaler / wie theuer $10\frac{3}{4}$ Schiff-Pfund / und 16 mahl ein halb achtel halb von einem halben sechzehntheil Liß-Pfund weniger $\frac{2}{3}$ aus $\frac{4}{7}$ von $\frac{1}{2}$. Pfund? Facit 665 fl 21 gr $1\frac{4106949}{5110084}$ pf.

N. M. L.